KB073283

배우의 꿈 II

새로운사람들

배우의꿈 Ⅱ

2017년 12월 18일 초판 인쇄
2017년 12월 21일 초판 발행

지은이 배우의꿈
엮은이 배우의꿈, TH액팅아카데미
감 수 김환희, 구나영
펴낸이 이재욱
펴낸곳 (주)새로운사람들
디자인 김남호
마케팅관리 김종림

등록일 1994년 10월 27일
등록번호 제2-1825호
주소 서울 도봉구 덕릉로 54가길 25(우 01473)
전화 02)2237.3301, 2237.3316 **팩스** 02)2237.3389
이메일 ssbooks@chol.com
홈페이지 http://www.ssbooks.biz

ISBN 978-89-8120-555-3(03680)

* 책값은 뒤표지에 씌어 있습니다.

머리말

국내 최고의 배우양성 교육 프로그램, 배우의꿈 프로젝트

배우의꿈 프로젝트가 올해 뮤지컬 〈렌트〉를 공연하며 어느덧 5번째를 맞이하게 되었다.

매년 기획 단계에서 출발해 선발오디션, 작품 선정, 배역오디션, 워크샵 수업, 공연 연습, 테크니컬리허설, 공연, 합평회로 이어지는 일련의 과정을 프로페셔널하게 청소년들이 직접 경험할 수 있는 국내 최고의 배우양성 프로젝트로 성장하였다고 자부한다.

특히 올해는 서초동 예술의전당 인근에 종합 연습실, 기획실, 의상소품실을 갖춘 배우의꿈트레이닝센터가 개관되어 프로젝트 전용공간으로 활용할 수 있게 되었다.

또한 국립극장에서의 정기공연 외에도 제52회 설악문화제 공식 초청공연으로 선정되어 속초시실내체육관에서 특별공연을 선보임으로써 규모와 영역을 확장하는 등 여러 의미에서 다시 한 번 큰 발전을 거듭한 해였다.

이 프로젝트에 지원하는 청소년들의 수는 해마다 증가하여 올해는 무려 4백여 명이 넘는 지원자들이 오디션을 보았으며, 특히 그간 서울 지역과 일부 경기권 학생이 대부분이었던 데 반해 이번에는 전국적으로 이외 지역의 학생들이 1백여 명 넘게 참가하여 점점 뜨거워지는 열기를 실감할 수 있었다.

"선생님, 저를 왜 뽑으셨나요?"

우리는 수많은 경쟁에서 승리해야 축하 받는 세상 속에서 남을 이겨야 한다는 약육강식의 법칙에 적응하며 살아왔다. 전쟁과도 같은 이 경쟁 사회에 내몰리는 현실이 지긋지긋하지만, 경쟁은 때론 나를 성장시킬 수 있는 기회이자 도구가 되기도 한다.

배우가 되고자 하는 이들에게 경쟁은 필연적으로 찾아오는 과정이다. 경쟁을 피할 수 없다면, 어떻게 헤쳐 나가야 하는가에 대한 답을 스스로 찾아야 할 것이다.

배우의꿈 프로젝트 5번째 무대의 주인공들은 총 3차에 걸친 오디션을 통해 선발된 재능 있는 예비 배우들이다. 굳이 수치로 따지자면 30:1의 꽤나 치열한 경쟁률을 뚫고 합격자 명단에 당당히 이름을 올린 것이다.
그런데 막상 선발된 배우들은 아직 스스로를 믿지 못하고 묻는다. '그런데, 제가 왜 뽑혔나요?' 답은 하나다. '경쟁에서 이겼으니까.' 단순한 이 문답에서 우리 배우들은 자신도 확신을 갖지 못했던, 어디에서도 인정 받아본 적 없는 자신의 재능에 대해 자신감을 얻게 된다.

선발오디션에 합격되었더라도 방심은 금물이다. 작품이 선정되고 배역오디션이 진행되고 나면 배역 발표가 이뤄지는데 이 과정 역시 경쟁의 과정이다. 지망하는 배역보다 그렇지 않은 배역을 받게 될 가능성이 훨씬 높기 때문이다.
그러나 캐스팅 발표 이후 많은 아이들이 울기도 하고 자신의 재능에 대해 다시금 의문을 품기도 한다. 우리는 이러한 과정 또한 배우의 길을 가려는 초행자에게는 대단히 중요한 공부라 여긴다. 평생 배우를 하게 된다면 수많은 오디션에서 낙방하거나 원하는 역할에 발탁되지 않는 경험 또한 수없이 겪어야 할 테니까 말이다.

이 과정에서 심각한 좌절을 하거나 심지어 불만을 품고 이런 저런 핑계를 대며 중도하차를 하는 경우도 다반사다.
좋은 배우가 되려면 실패를 두려워하지 않고 도전하고 설령 미끄러지더라도 와신상담하며 이겨낼 수 있어야 한다. 이 무대에 서길 원한다면 기억해 주길 바란다. 자신은 초행자이며, 초행자에게는 이 과정 속에서도 배울 점이 분명 적잖이 있다는 것.

굴곡을 거쳐 안정궤도에 오르면 아직 부족한 학생들이지만 제법 진지해진다. 팀은 단단해지고 결속력을 다지며 특별한 에너지를 발현하게 되는 시기가 온다.
이 과정에서 끊임없이 자신을 돌아보며 스스로를 믿고 확신에 찰 수 있도록 돕는 것이 우리 선생님들의 역할이다. 단기간에 완벽에 가까운 실력자가 되진 못하더라도, 배역의 비중이나 등장 회수에 관계없이 우리 무대의 모든 배우들이 각자의 빛을 내며 매력을 발산할 수 있게 되는 것은 바로 이 자신감의 산물이다.

진짜 우리들의 '꿈'에 관한 에세이

2년 전 첫 번째 〈배우의꿈〉을 출판한 데 이어 두 번째로 우리의 이야기를 책으로 엮게 되었다.

첫 책에서 프로젝트 기록집, 참가자 에세이집, 관련 분야 전공서적으로서의 다양한 역할을 기대하며 다소 과한 욕심을 낸 것 같아 이번에는 '배우의꿈'의 진짜 주인공들의 목소리를 담는 것에 중점을 두었다.

독자들은 두 번째 〈배우의꿈〉을 통해 꿈을 가지고만 있던 청소년들이 어떤 과정을 통해 그처럼 훌륭하게 무대 위의 빛나는 배우가 될 수 있었는지, 스탭으로 참여한 청소년들은 각자의 위치에서 얼마나 뜨겁게 한 해를 보냈는지, 더불어 선생님들과 학부모님들을 비롯한 멘토들의 꿈에 관한 이야기를 이들의 진솔한 에세이를 통해 엿보며 잔잔한 감동을 느낄 수 있게 될 것이다.

우리의 이번 공연은 어느새 끝이 났지만, 우리의 이야기는 지금부터 시작된다.

차례

Part 3. 열정, 그것은 꿈의 다른 이름

Part 4. 꿈을 꾸는 당신에게

프로젝트 기록 (since 2013)

코니콜린스
배우의꿈 프로젝트

SHOW

배우의꿈이란

'배우의꿈 프로젝트'는 배우가 되기를 꿈꾸는 청소년들이 무대에 올라 관객과 호흡하고 스스로의 재능과 잠재성을 확인함으로써 제대로 된 적성을 찾고 자존감을 높이며 나아가 인성과 재능이 겸비된 참다운 예술 인재로 성장할 수 있는 발판을 마련하는 청소년 공연 예술 적성 찾기 프로젝트입니다.

입시 교육에 치우쳐 있는 우리의 교육 환경에서 배우의 꿈을 꾸는 청소년들조차 연기를 처음 접근할 때마저도 입시 위주의 연기 교육에만 매몰되기 쉬운 현실 속에서 우리는 "연기 그 자체는 너무나 행복하고 즐거운 것"이라는 생각으로 2013년 이 프로젝트의 첫 발을 떼게 되었습니다.

우리 프로젝트는 연기를 처음 접하는 청소년들이 삶의 방향과 목표를 정립하고 협동심의 가치를 배워나가는 데 중점을 두고 있습니다.

매체의 영향 탓인지 누구나 배우가 될 수 있을 것이라는 막연한 환상을 가진 청소년들에게 배우 예술이 단지 약간의 스타성과 우연히 떨어진 운으로만 이루어지는 것이 아님을 스스로 깨닫게 되는 계기를 제공하여 제대로 된 적성 찾기를 할 수 있도록 돕는 것이야말로 '배우의꿈 프로젝트'의 궁극의 취지입니다.

2014년 강동아트센터 소극장 드림에서 〈한여름밤의 꿈〉 공연을 시작으로 올해 뮤지컬 〈렌트〉에 이르기까지 우리는 지난 공연의 결과물을 통해 아마추어리즘의 순수한 열정으로 꾸미는 무대가 얼마나 위대한지 느꼈습니다.

이런 순수한 열정으로 채워지는 청소년들의 무대를 만들기 위해 각 분야의 예술가, 전문 스탭들이 모여 연출, 연기, 보컬, 안무 등의 작품 지도를 비롯해 기획, 무대, 조명, 의상, 분장 등의 제작 지도에 적극 참여하며 프로젝트를 함께 이끌어 나가고 있습니다.

매년 기하급수적으로 늘어나는 지원자 수와 프로젝트에 대한 좋은 평가가 이어져 '배우의꿈'은 해를 거듭할수록 양적으로나 질적으로 모두 다방면의 성장을 거듭해 왔습니다.

또한 김영봉 예술감독이 올해 '제12회 대한민국사회공헌대상'에서 수상하며 우리 프로젝트를 통해 청소년 예술 교육을 선도한 공로를 인정받기도 하였습니다.

배우의꿈 프로젝트는 지금까지의 성과에 안주하지 않고 끊임없이 다양한 변화를 모색하면서 청소년의 올바른 연기 예술 교육과 예술 인재 양성에 기여할 수 있도록 계속 천천히 걸어 나가겠습니다.

[공연 연혁]

• 1기 공연 : 〈한여름밤의 꿈〉
– 2014.08.13~14 강동아트센터 소극장 드림

• 2기 공연 : 뮤지컬 〈헬로, 돌리!〉
– 2015.02.12~14 동국대 이해랑예술극장

• 3기 공연 : 뮤지컬 〈페임〉
– 2015.12.26~27 국립극장 KB청소년하늘극장

• 4기 공연 : 뮤지컬 〈헤어스프레이〉
– 2016.08.25~28 국립극장 KB청소년하늘극장

• 5기 공연 : 뮤지컬 〈렌트〉
– 2017.08.24~27 국립극장 KB청소년하늘극장
– 2017.10.14~15 속초시실내체육관

배우의꿈과 청소년 연극교육

김 영 봉
배우의꿈 프로젝트 예술감독

모든 교육이 유년기를 거쳐 청소년기에 더욱 강화되듯 예술을 통한 우리의 인성 교육도 유년기는 물론 청소년기에도 적절한 교육과 체험 과정이 요구된다. 그러나 우리의 현실은 전혀 다르다. 유년기에는 필수 코스인 것처럼 예술계 학원을 전전하고는, 정작 그것이 심화되어야 할 청소년기에는 입시 경쟁에 불필요한 모든 예술적 체험이 중단되는 것이다.

청소년기에 제대로 된 문학 서적이나 시집 한 권 여유 있게 읽고 가슴에 새길 겨를이 없었고, 좋은 오페라나 무용 공연 한 편을 즐길 여유도 없게 되었다. 또한 실제로 예술적 체험을 통한 인성교육이 절대로 필요한 청소년을 위한 공연은 거의 전무한 상태라고 할 수 있다.

사람의 성장에 비유하면 유년기에서 바로 성인으로 연결되는 셈이다. 이런 기형적 구조는 문화계 전체를 위협한다. 이것이 청소년을 위한 문화, 그리고 예술이 필요한 이유다.

이런 의미에서 배우의꿈 프로젝트는 청소년기의 좋은 문화 예술적 체험이 인생의 큰 좌표가 되어주듯 우리 공연 예술계를 올바르게 이끌어 줄 중요한 시금석이 될 것이다.

예술을 통한 인성과 적성 교육, 그리고 참다운 재능 개발을 위한 청소년 연극 교육 과정으로서의 배우의꿈 프로젝트는 인성적 교육과정을 기존의 학교 교육과정과 협동하여 출발한다. 배우의꿈 프로젝트에 참여하려는 학생들을 서울특별시교육청 협조를 통해 공모한 뒤 선발하는 과정을 거친다.

이렇게 선발된 학생들은 약 4~5개월간 학교수업과 병행하면서 공연을 전제로 연기, 보컬, 움직임 등 실제 뮤지컬 공연에 필요한 전문교육을 만나게 된다. 그런데 중요한 것은 얼마나 양질의 교육과정을 접하게 되는가 하는 점이다.

양질의 선행 조건으로 무엇보다 중요한 점은 우선 교육적 예술가를 만나는 것이다. 교육적 자질만 갖추어서도 안 되고 그렇다고 예술적 감각만 갖추어서도 안 된다.

배우의꿈을 이끌어 가는 연출가, 연기감독, 음악감독, 안무감독, 연기·보컬·움직임 트레이너, 그리고 예술행정을 하는 프로듀서, 기획 등 모든 선생님들이 이러한 교육, 예술적 소양과 자질을 갖추고 있기에 배우의꿈 프로젝트가 가능하다.

또한 여기에는 참여하는 선생님의 자신만의 올곧은 삶의 철학이 있기에 우리 프로젝트가 어느새 다섯 번째를 맞이할 수 있었다.

또 하나, 배우의꿈 프로젝트의 탁월함은 훌륭한 시설에서의 연습과 공연이다. 연습기간 내에 연습에 부족함이 없는 충분한 공간 속에서 실력을 연마하는 것은 청소년들의 연극적 재능을 찾아내는 데 더할 나위 없이 중요한 요건이다.

그리고 전문공연장, 그것도 국립극장에서 공연을 한다는 것은 청소년 연극에서는 꿈꾸기 힘든 기회일 것이다. 단순히 극장의 명성이나 화려함 때문이 아니라 이런 전문적 공연시설에서의 체험이야말로 참여 학생들에게는 그 무엇과도 바꿀 수 없는 소중한 공부가 될 것이기 때문이다.

더불어 배우의꿈에 참여하는 학생들은 긴 연습과정을 통해 자신의 적성을 발견하고 재능을 찾게 된다.

그동안 숨겨져 있던 자아를 발견하고 서로를 이해하며 연극예술의 필수요소인 소통과 화합의 소중함을 통해 자아존중감을 깨닫게 되는 것이야말로 배우의꿈 프로젝트가 청소년 연극교육을 위해 기여하는 커다란 의미라 생각한다.

청소년 연극교육의 목표이자 의미인 인성과 적성을 함께 키워나갈 바람직한 한 방법으로 배우의꿈이 크게 자리매김할 것이라 확신한다.

배우의꿈 5기, 뮤지컬 〈렌트〉

'배우의꿈' 이 만들면 다르다!
배우의 꿈
배우의 꿈 프로젝트 5번째 공연
musical
뮤지컬 렌트
RENT

CREDIT

[서울 공연]
2017년 8월 24일(목) ~ 27일(일)
국립극장 KB청소년하늘극장(총 6회)

CAST

로저_지승민 조성한
마크_윤영진 이신환
미미_정단비 민하늘
조앤_김나영 박소희
모린_신 의 이희성
콜린_김모세 고범석
엔젤_송연우 조영종
베니_김경준

[Ensemble]
마약상_곽동현
알렉시달링/거지_권서연
조앤엄마/팸/중독자_김나희
미스터그레이/목사/경찰_김영석
수/중독자_김자민
종업원/거지_문미소
마크엄마/알리_박지연
거지/건달_배승권
고든/경찰_심정환
이불거지_윤예영
거지/건달_이다빈
스티브/경찰_임제혁
미미엄마/상인_장아침
로저엄마/거지_장유진
조앤아빠/폴/스퀴지맨_정회제

STAFF

학생연출/홍보팀_심규민
학생연출 임다빈_이선민

전문 STAFF

예술감독_김영봉
연출_이근표
협력연출_서재경
음악감독_황지현
안무_장연실
연기감독_강연우
연기코치_김서윤
보이스코치_윤안나
움직임코치_장유정
무대/조명_
청강문화산업대 무대미술과
음향_김성욱
의상_박정원
분장_김종한
무대감독_유은채(청강)
사진_정유석
아트웍디자인_김재인
레코딩_오일정
지원스태프_
이찬욱(1기), 장승지(3기)
기획팀_차영은
기획_이영택
프로듀서_김환희

주최/주관_
(사)한국적성찾기국민실천본부,
주식회사배우의꿈
후원_
생명보험사회공헌위원회,
교보생명보험주식회사,
렛츠런재단,
TH액팅아카데미
협찬_(주)좋은미디어
협조_
청강문화산업대학교 무대미술과,
서울특별시교육청, 뮤지컬퍼블릭

CAST

로저

지승민

조성한

모린

이희성

신 의

마크

윤영진

이신환

콜린

김모세

고범석

미미

민하늘

정단비

엔젤

송연우

조영종

조앤

김나영

박소희

베니

김경준

Ensemble

마약상
곽동현

알렉시달링/거지
권서연

조앤엄마/팸/중독자
김나희

미스터그레이/목사/경찰
김영석

수/중독자
김자민

미미엄마/상인
장아침

업원/거지
문미소

마크엄마/알리
박지연

거지/건달
배승권

고든/경찰
심정환

이불거지
윤예영

조앤아빠/폴/스퀴지맨
정회제

거지/건달
이다빈

스티브/경찰
임제혁

로저엄마/거지
장유진

STAFF

학생연출/홍보팀
심규민

학생연출
임다빈

학생연출
이선민

그리고 우리가 기억해야 할 이름, 영원한 예술가 **故강병환 연출님**을 추억합니다.

2017. 10. 14(토) ~ 15(일) 저녁 6시

속초시 실내체육관

관람료_ 무료　문의_033.638.3346

CAST
고범석 | 곽동현 | 권서연 | 김경준 | 김나영 | 김나희 | 김모세 | 김영석 | 김자민 | 문미소 | 민하늘 | 박소희 | 박지연 | 배승권 | 송연우 | 신의 | 심정환 | 윤영진 | 윤예영 | 이다빈 | 이신환 | 이희성 | 임제혁 | 장아침 | 장유진 | 정단비 | 정회제 | 조성한 | 조영종 | 지
전문STAFF 예술감독_김영봉 | 연출_이근표 | 협력연출_서재경 | 음악감독_황지현 | 안무_장연실 | 연기감독_강연우 | 연기코치_김서윤 | 보이스코치_윤안나 | 움직임코치_장유정 | 무대_ 청강문화산업대 무대미술전공 | 조명_조성한 | 음향_김성욱 | 의상_박정원 | 분장_
무대감독_한희태 | 사진_정유석 | 아트웍디자인_ 김재인 | 기획팀_차영은 | 기획_이영택 | 프로듀서_김환희　학생STAFF 연출_심규민, 임다빈, 이선민

주최 (사)속초축제위원회　주관 주식회사 배우의 꿈　강원영북지회　후원 생명보험사회공헌위원회　KYOBO 교보생명　TH액팅아

CREDIT

[속초 공연]

제52회 설악문화제 공식초청공연
2017년 10월 14일(토) ~ 15일(일)
속초시 실내체육관(총 2회)

CAST

로저_조성한
마크_이신환
미미/경찰_민하늘 정단비
조앤/경찰_김나영 박소희
모린_신 의 이희성
콜린_고범석
엔젤_송연우 조영종
베니_김경준

[Ensemble]
알렉시달링/거지_권서연
조앤엄마/팸/중독자_김나희
수/중독자_김자민
종업원/거지_문미소
마크엄마/알리_박지연
거지/건달_배승권
고든/경찰_심정환
이불거지_윤예영
거지/건달/미스터그레이/목사_이다빈
스티브/마약상_임제혁
미미엄마/상인_장아침
로저엄마/거지_장유진
조앤아빠/폴/스퀴지맨_정회제

STAFF

학생연출_임다빈 이선민

전문 STAFF

예술감독_김영봉
연출_이근표
협력연출_서재경
음악감독_황지현
안무_장연실
연기감독_강연우
연기코치_김서윤
보이스코치_윤안나
움직임코치_장유정
조명_조성한
음향_김성욱
의상_박정원
분장_김종한
무대감독_한희태
조연출_이은
아트웍디자인_김재인
기획팀_차영은
기획_이영택
프로듀서_김환희

주최/주관_
(사)한국적성찾기국민실천본부,
주식회사배우의꿈,
(사)한국적성찾기국민실천본부
강원영북지회
후원_
생명보험사회공헌위원회,
교보생명보험주식회사,
TH액팅아카데미
협조_(사)속초축제위원회

Greeting

임 무 영

한국적성찾기 국민실천본부 이사장

우리 본부와 ㈜배우의꿈과 함께 추진한 5기 수료생들의 공연, 〈렌트〉에 참석해주신 여러분들을 환영합니다. 오늘 이렇게 공연을 하게 된 것은 많은 분께서 후원해 주시고 재능기부를 해주신 덕분이라고 생각합니다. 이 자리를 빌어 다시 한번 감사드립니다.

또한 오늘 5기 〈렌트〉 공연을 위해서 그동안 애써주신 스태프 여러분들께도 진심으로 감사의 말씀을 드립니다.

특히 5기 배우의꿈 공연에 참가한 학생 여러분, 그동안 고생 많았습니다. 금년에는 유난히 폭염이 계속된 날씨에도 구슬땀을 흘리며 노력했을 여러분에게 힘찬 격려의 박수와 칭찬의 말을 보냅니다.

세상에서 가장 행복한 사람은 자기가 하고 싶은 일, 자기가 잘할 수 있는 일을 찾아 열정을 갖고 했을 때 그 성취감이 바로 행복이라고 합니다. 여러분들은 고생도 했지만 이 공연을 통해서 하면 된다는 확신과 값진 경험을 얻었으리라고 생각합니다. 오늘 이 경험을 통해서 앞으로 살아가는데 큰 교훈이 되기를 바랍니다.

우리 본부에서는 앞으로도 다양한 전문 기관의 재능기부를 받아 청소년들이 전문가의 멘토링을 받으며 자신의 적성을 진단하고 발전시켜 나갈 수 있도록 돕기 위한 사업을 추진해 나아갈 것입니다.

여기 공연에 참여하신 모든 분들이 자신의 꿈과 자녀들의 적성을 다시 한번 생각해 보는 소중한 시간이 되기를 바랍니다.

[배우의꿈 5기, 1차 합격자 기념촬영

Greeting

조 희 연

서울특별시 교육감

이번 여름은 무더위가 맹위를 떨쳤고 집중호우로 인해 힘들기도 했지만 우리 학생들이 열심히 노력하여 배우의꿈 프로젝트 5기 공연 뮤지컬 〈렌트〉를 공연하게 된 것에 진심으로 감사드립니다.

배우의꿈은 청소년이 가지고 있는 배우의 끼와 재능을 계발하고 숨은 보석을 발굴하자는 청소년 적성찾기 프로젝트입니다.

(사)한국적성찾기 국민실천본부에서 오디션을 통해서 선발된 청소년들에게 전문 교육과정을 지도하고 배우의꿈을 만들어가는 재능기부 예술가들의 도움으로 우리 학생들이 한발 한발 배우의 꿈에 다가가고 있는 것으로 알고 있습니다.

또한 청소년들에게 공연기획과 제작 전반을 경험할 수 있는 기회도 제공하는 것으로 알고 있습니다.

인공지능시대인 미래사회를 살아갈 우리 학생들에게 필요한 것은 문화예술적 감수성, 창의력 그리고 협력적 인성을 기르는 것입니다.

그래서 서울시교육청에서는 2017년부터 협력종합예술활동을 실시하여 연극, 뮤지컬, 영화 영역에서 각자의 흥미와 적성에 맞는 역할을 분담하여 공동의 노력으로 창작하고 발표하는 과정을 통해서 학생들은 상호 존중하며 소통하는 능력을 키우고 자신감과 창의적 표현력, 문제해결력을 기르고자 노력하고 있습니다.

[배우의꿈 5기, 뮤지컬 〈렌트〉 연습 중]

배우의꿈 프로젝트도 공연예술 분야의 진로를 희망하는 많은 청소년들이 새로운 경험의 기회를 누릴 수 있는 적성계발 프로그램으로 자리매김할 것이라 확신합니다.

지금까지 4번에 걸친 공연을 했는데 해를 거듭해가며 작은 무대에서 최선을 다하다 보면 커다란 성과를 이루리라고 생각합니다.

끝으로 어려운 가운데에서도 공연을 위해 땀 흘려 공들인 여러분께 뜨거운 박수를 보냅니다. 다섯 번째 공연을 올리게 된 것을 다시 한번 진심으로 축하합니다.

Greeting

박 선 영

생명보험사회공헌위원회 사무처/과장

R=VD (Realization=Vivid Dream): **생생하게 꿈꾸면 이루어진다**

'배우의꿈' 프로젝트 5기 공연인 뮤지컬 〈Rent〉를 국립극장에 선보이게 된 것을 진심으로 축하드립니다.

청소년들의 멋진 도전이 실현되는 꿈의 무대를 보니, 후원기관 실무자로서 가슴 한 켠이 뭉클해집니다.

이렇게 좋은 프로젝트를 '생명보험사회공헌위원회'와 '㈜교보생명'에 제안해 주신 (사)한국적성찾기국민실천본부에 감사드리며, 멋진 '전문문화예술교육 프로그램'을 후원하게 되어 기쁘게 생각합니다.

얼마 전 인터넷에서 본 초등학생의 꿈 관련 글이 생각납니다. 대충 이런 내용이었습니다.

저는 아홉 살이며, 제 꿈은 우주인입니다.
하지만 저는 꿈을 이룰 수 없습니다.
학교에 다녀와 피아노학원, 영어학원, 태권도학원…, △△학원에 가야 하기 때문에 시간이 없습니다. (중략)

웃픈(웃기지만 슬픈) 내용의 글이었습니다. 입시경쟁 속에서 꿈을 잃어가고 있는 현대 아동·청소년들의 단면을 나타내는 글 같아 쉽게 웃어넘길 수가 없었습니다.

다행히도 지난 3월 '배우의꿈' 모집공모에 무려 387명의 배우와 전문 스태프를 꿈꾸는 가슴 뜨거운 청소년들이 지원해 주었고, 이들 중 최종 43명의 청소년이 선발되어 15개월간 연기, 보컬, 연출, 공연제작, 기획 등 각 분야별 전문가 선생님들의 지도 아래 구슬땀을 흘리며, 한발 한발 꿈을 향해 최선을 다해온 청소년들의 모습에서 미래가 밝음을 느꼈습니다.

모두가 꿈만으로 처음부터 성공 DNA를 탑재하고 있지는 않습니다.

처음 트레이닝을 시작할 때는 '내가 정말 배우가 될 수 있을까?' 아니면 '우리 공연이 무대에 오를 수 있을까?' 또는 '나는 연기에 재능이 없는 걸까?', '여기서 그만 두어야 할까?' 등 반신반의하며 수없이 자문자답을 해왔을 겁니다.

하지만 중요한 건 여기서 멈추지 않고, 매일 저녁마다 트레이닝을 게을리 하지 않고 노력한 덕분에 마침내 꿈의 공간인 국립극장에 서게 된 걸 알기에 더더욱 아낌없는 박수를 보냅니다.

베스트셀러 「꿈꾸는 다락방」(이지성 著)에 나오는 성공학의 기본공식,

R=VD(Realization=Vivid Dream), 모두들 한번쯤 들어보셨을 겁니다. "생생하게 꿈꾸면 이루어진다."라는 의미를 담고 있어 제가 좋아하는 공식입니다. 막연히 꿈으로 멈춰있는 것이 아닌, 꿈을 시각화하여 행동으로 옮기라는 말이겠지요.

꿈이 있는 사람, 그리고 실천에 옮겨 꿈을 성취하는 사람 바로 '배우의꿈 5기 여러분'이 아닐까 합니다. 자! 꿈을 위한 초석을 다졌으면, 이제부터가 시작입니다.

사람은 꿈의 크기만큼 발전하고 성장한다고 합니다. 이번 공연과 본 도서를 통해 더 많은 청소년들이 꿈을 고민하고 이루어 나갈 수 있도록 성공 DNA를 널리 전파해 주시기를 바랍니다.

앞으로도 생명보험사회공헌위원회는 생명보험회사들의 마음을 모아 공동사회공헌활동을 통해 보다 실질적인 지원으로 건강하고 행복한 사회를 만들어가는 데 기여하고자 다양한 활동을 펼치겠습니다.

Greeting

박 상 진

(사)한국적성찾기국민실천본부 영북지회 前 초대회장

‘배우의꿈’ 공연이 자랑스런 영북 지역 속초에서 개최됨을 진심을 다해 축하드립니다. 속초에서 배우의꿈 공연이 이루어지기를 간절한 마음으로 소망해 온 지 2년 만에 이루어졌습니다. 작은 소망인 ‘배우의꿈’ 공연이 속초에서 찬란하게 결실을 거두게 되었습니다. 고향 속초와 함께 감사한 마음으로 축하드립니다.

[배우의꿈 5기, 배역오디션 후 심사위원 코멘트]

‘배우의꿈’의 시작은 작았지만 영북 지역 속초에서 큰 강물을 만나 바다를 향해 거침없이 나아갈 수 있는 기반을 구축했습니다. 이를 위해 헌신적인 노력과 정성을 기울이신 강지원 (사)한국적성찾기국민실천본부 상임대표님과 김영봉 ‘배우의꿈’ 예술감독님께 존경과 경의를 표합니다.

또한 ‘배우의꿈’과의 만남을 계기로 속초 지역에서 봉사와 희생의 아이콘으로 15년에 탄생한 (사)한국적성찾기국민실천본부 강원영북지회가 없었다면 이번 공연은 존재하지 않았을 것입니다. 강원영북지회 전형배 대표님과 변효성 사무총장님 그리고 운영위원님들과 150여 명의 회원님들이 이번 공연의 진정한 주연입니다. 뜨겁고 감격스럽고 사랑하는 마음으로 깊이 감사와 축하의 말씀을 드립니다.

이번 공연은 진정한 꿈이 어떤 것인지, 그 꿈은 어떻게 이루어가는 것인지, 꿈을 이루어 가는 과정에서의 행복과 아름다움의 소중한 가치가 무엇인지를 알게 할 것입니다. 꿈꾸는 영북 지역을 만들 것입니다. 꿈을 통해 미래를 열어가는 새로운 물결을 영북 지역 전체에 넘쳐 나도록 할 것입니다. 꿈을 이룰 수 있는 새로운 힘을 줄 것입니다. 무엇보다도 고향사랑의 마음으로 우리를 가슴속 깊이 하나로 묶을 것이며 미래에도 영원히 이어지도록 할 것입니다.

Greeting

전 형 배

(사)한국적성찾기 국민실천본부 강원영북지회 대표

'배우의꿈 프로젝트' 제5기 공연의 개막을 진심으로 축하드립니다.

2015년 11월, '사단법인 한국적성찾기 국민실천본부 강원영북지회'를 창립했을 때만 해도 '배우의꿈 프로젝트'에 우리 지역 청소년들도 참여해서 그들도 배우의 꿈을 꾸고 키워 나갈 수 있으면 좋겠다는 마음이 한 가득 바람으로 자리하고 있었습니다.

그랬던 바람은 어느새 이루어져 작년 제4기 공연에는 우리 지역 청소년 2명이 참여해서 멋진 공연을 펼쳤고, 올해 제5기 공연에도 또 2명의 청소년이 합류하게 되었습니다.

게다가 올해는 첫 지방공연의 일환으로 속초에서 공연이 펼쳐지게 되어서 기쁘고 뿌듯한 마음을 이루 헤아리기 어렵습니다.

'배우의꿈 프로젝트'는 우리 청소년들이 어떻게 꿈을 꾸고, 또한 그 꿈을 어떻게 실현해 나갈 수 있는지에 대한 하나의 이정표 같은 프로그램이라고 생각합니다.

어렵고 지난한 과정들을 겪으면서도 이 프로그램을 훌륭하게 이끌어 오신 (사)한국적성찾기 국민실천본부 강지원 상임대표님과 김영봉 예술감독님께 진심어린 감사를 드립니다. 또한 이번 공연을 위해 각기 맡은 파트에서 우리 청소년들과 굵은 땀방울을 같이 흘리셨을 스태프 여러분들께도 감사 인사드립니다.

작은 씨앗하나가 아름드리 큰 나무가 되듯이, 이번 공연은 우리 청소년들의 가슴속에 자리 잡은 저마다의 작은 꿈들이 커다란 결실을 맺는 계기가 될 것입니다.

또한, 속초에서의 공연은 보고, 듣고, 배울 수 있는 기회가 수도권 지역에 비해 상대적으로 적은 이곳 강원 영북지역(속초, 고성, 양양)의 청소년들에게 긍정적인 자극제가 될 수 있으리라 생각합니다.

함께 공연을 기획하고 준비해 주신 모든 분들과 배우의 꿈을 이루기 위해 어렵고 힘든 과정을 거쳤을 우리 미래의 배우님들, 연출가님들에게 뜨거운 박수를 보냅니다.

[배우의꿈 5기, 뮤지컬 〈렌트〉 연습 중]

연출의 글

전투와도 같았던 연습과정에 대하여

이 근 표

배우의꿈 상임연출
TH액팅아카데미 대표

'배우의꿈' 프로젝트의 공연을 본 많은 관객분들과 영상을 통해서 뒤늦게나마 우리 공연을 접한 많은 분들이 공연의 수준이 생각했던 것보다 훨씬 높다고 말씀해주시며 우리 프로젝트에 관심을 가져주시고 응원해주시는 분들이 많이 계십니다.

"노래를 어쩌면 그렇게 잘하나?"
"중·고등학생들인데도 정말 프로 같다."
"공연을 보니 얼마나 노력했는지가 보여서 감동적이었다."
"어떻게 연습을 시켰길래 이렇게 할 수가 있나?"

모두들 칭찬일색입니다. 이런 이야기를 들을 때마다 이 프로젝트를 만들어가는 한 사람으로서 매우 뿌듯하고 큰 보람을 느끼곤 합니다.

배우의 꿈을 꾸는 청소년들이 (독백으로 평가받아야 하는) 입시연기를 가장 먼저 접해야 하는 연기예술 교육의 현실 속에서 올바른 교육적 비전과 예술로서의 성과를 균형감 있게 갖춘 프로젝트를 만들겠다는 우리의 취지에 맞게 조금씩 성장해 나가고 있는 듯하여 저는 '배우의꿈'의 일원으로서 큰 자부심을 가지고 있습니다.

그러나 저는 이 글을 통해 관객분들이 만나게 되는 무대 위 배우들의 모습이 아닌 무대에 오르기까지 우리 청소년들이 거쳐 온 많은 일들이 벌어지고 있는 연습 과정에 초점을 맞춰 이야기하고자 합니다.

'배우의꿈'은 1년에 한 번 있는 오디션을 통해 선발된 학생들과 TH액팅아카데미의 (무대에 오르기 위해 줄곧 배우훈련을 받은) 트레이닝반 학생들이 꿈만 꿀 수 있었던 '배우'라는 이름을 걸고 무대에 오르게 되는 프로젝트입니다.

해를 거듭할수록 경쟁률이 올라 이제는 너무도 치열해진 '배우의꿈' 오디션 과정은 1차에서 실기오디션을 치르고 2차에서 워크숍 수업을 통한 오디션과 3차에서는 최종면접 오디션이라는 한 달여에 걸친 심사과정을 통해 '배우의꿈'과 함께 할 배우들을 최종 선발하게 됩니다. 이렇게 선발된 우수한 재능과 인성을 겸비한 배우들과의 연습은 선생님인 동시에 예술가인 우리에게는 매우 행복하고 짜릿한 경험을 제공할 것입니다.

그러나,

트레이닝과 연습이 본격적으로 시작되면 우리가 오디션에서 선발했던 눈빛이 초롱초롱한 배우들은 사라지고 마법처럼 평범한 학생들로 변신합니다. 평범함에도 미치지 못하는 경우도 있습니다. 속은 겁니다. 우리는 감쪽같이 속은 겁니다.

지각과 결석은 잦고 시기와 질투도 적지 않으며 배역에 대한 불만, 혹은 변명과 핑계, 늦잠과 나태함 등이 우리 연습실을 엄습합니다. 연습실 분위기가 좋을 리가 없겠지요.

과연 이들과 함께 작품을 제대로 올릴 수나 있을까? 그러나 우리는 선생님이기에 흔들리는 모습을 보이지 않기 위해 애써 태연한 척하며 문제가 있는 배우들을 어르고 달래보기도 하고, 중도하차를 하라며 엄포를 놓기도 하면서 소리도 질러보고, 무서운 표정을 지어 보이며 잘 정돈된 연습분위기를 만들어보기 위해 노력합니다.

다행히도 그간의 성공적이었던 경험 덕분에 선생님들은 이 프로젝트에 대한 굳은 믿음을 가지고 있기에 배우들을 이끌어가며 연습실에서 함께 땀을 흘리며 작품의 한 장면 한 장면을 완성해 나갑니다.

여름방학이 되면 이르면 오전 10시, 늦어도 오후 2시부터는 진행되는 연습시작과 어김없이 밤 10시나 되어서야 마치는 고된 연습에 지칠 만도 하지만 공연이 얼마 남지 않았다는 사실을 상기시켜주면 우리 배우들의 눈빛은 사뭇 진지해집니다.

전문 무대디자이너가 연습실에서 미니어처 무대를 보여주며 우리가 서게 될 무대에 대해 설명해주고, 의상디자이너 선생님이 오셔서 직접 피팅을 하고 사진작가 선생님과 함께 프로필 촬영을 하면서 이제 배우들이 큰 무대에 서게 된다는 사실을 꿈이 아닌 현실로 받아들이나 봅니다.

그런 과정을 통해 점차 팀 안에서 각자의 역할에 책임지려는 모습을 보일 때면 우리 청소년 배우들이 조금씩 성장하는 걸 느낄 수 있습니다.

[배우의꿈 5기 오디션]

이런 일련의 연습과정을 거쳐 배역에 맞는 의상과 분장을 받은 후 무대 위에 오르게 되고 그들의 꿈을 연기하고 열정을 노래하면서 관객들에게 박수를 받고 나면 비로소 '내가 무언가를 해냈구나!' 하는 희열감을 만끽할 기회를 얻게 되는 것입니다.

사실 우리 프로젝트는 무대 위의 완성된 공연을 보는 것도 재미있지만 더욱 드라마틱한 장면은 연습실에서 진행되는 것이 아닌가 싶습니다.

그래서 앞으로 진행될 프로젝트에는 치열하게 진행되고 있는 전투와도 같은 연습과정을 담은 다큐멘터리 영상에 담아보려는 계획도 가지고 있습니다. 무대 위의 모습과 그 이전의 모습 모두가 우리 프로젝트의 진짜 모습일 테니까요.

인생의 모든 순간이 아름다울 수만은 없듯이 연습과정의 많은 순간들 역시 항상 아름다울 수만은 없었습니다. 〈렌트〉라는 멋진 작품을 만들기 위해 자신의 인생을 쏟아부었던 천재예술가 조나단 라슨 역시 우리와 별반 다르지 않은 과정을 거치지 않았을까 짐작해 봅니다.

'No day But today'를 외치는 〈렌트〉의 등장인물들처럼 우리가 가진 꿈을 위해 노력해나가는 과정과 그것을 통한 성장이 중요하다는 것을 이번 작품을 통해 우리 배우들이 얻은 인생의 교훈이 되었을 거라 생각합니다. 꿈을 위해 노력하고 성장해 온 배우 여러분, 진심으로 축하합니다.

'배우의꿈'과 함께 이들의 멋진 꿈을 아낌없이 이끌어주신 우리 선생님들, 그리고 재능기부로 참여해주신 존경받아 마땅한 예술가 분들에게 감사드립니다.

마지막으로 이 작품의 마지막에 스크린을 통해 등장하는 멋진 연출가이자 제 동료이며, 친구였던 고(故)강병환 연출가에게 이 작품을 바칩니다.

[뮤지컬 〈렌트〉 공연 장면]

R.E.N.T

배우의꿈 5번째 뮤지컬 〈렌트〉를 말하다

* 기획 및 구성: 학생연출 심규민, 임다빈, 이선민

R - RESPECTED : 훌륭한, 높이 평가되는

[조앤엄마]

어머 여보~ 그거 들었어요? 우리 딸이랑 딸애 친구들 이야기로 뮤지컬을 한다며?

[조앤아빠]

그럼그럼~ 나는 진즉부터 기다리고 있었지~!

[조앤엄마]

그럼 그게 어떤 공연인지 알고는 있는 거예요?

[조앤아빠]

아니 당신은 당신 딸 이야기인데 그것도 몰라? 우리 조앤과 그 친구들이 뉴욕 이스트빌리지에 살아가며 일어나는 일들을 담은 거지~

[조앤엄마]

아니아니 그걸로는 설명이 부족해요~! 무엇보다 〈렌트〉의 핵심은 불투 명한 내일이 아닌 오직 '오늘'을 살아가는 우리 젊은 예술가들의 꿈과 열정, 사랑, 우정, 삶에 관한 많은 이야기를 담고 있다는 거예요~

[조앤아빠]

아이고 그것까지는 몰랐네~ 그렇게 다양하고 많은 이야기가 담겨 있는 만큼 공연을 통해 정말 다양한 삶이 보여지겠구먼 그래~

[조앤엄마]

그래요~ 이 공연에서는 어느 한 명도 빠짐없이 모두가 각자 인생의 그리고 이 공연의 주인공이죠! 이 공연을 보러 오는 관객들까지도요~

[조앤아빠]

그래그래 그럼 우리도 주인공으로서 공연을 보러 갈까?

[조앤엄마]

당연하죠! 빨리 갑시다, 여보!

[마크엄마]

미미엄마~ 이번에 올라가는 뮤지컬 〈렌트〉 내용 알고 있어?

[미미엄마]

그럼, 당연하지~! 우리 애들 얘긴데 어떻게 몰라~
우리 미미와 로저의 이야기는 얼마나 아련한지~

[마크엄마]

그래 맞아~ 불을 붙여달라며 미미가 로저의 집에 찾아와 처음 만나
미미가 함께하자며 로저를 사랑하고, 로저도 미미에게 끌리지만
에이즈환자라는 아픔 때문에 미미를 밀어냈다며~
그렇게 안타까웠지만 서로의 아픔을 알게 되고 사랑을 시작한다며~
너무 달달한 것 같아~

[로저엄마]

그렇지! 근데 엔젤이랑 콜린의 사랑도 얼마나 달달한지 몰라~!
콜린이 다쳐서 쓰러져 있을 때 이를 본 엔젤이 콜린을 치료해주는 것으로
처음 만나게 된 이 둘은 만난 지 하루만에 함께 살자고 하며
깊은 사랑은 나눈다고~

[미미엄마]

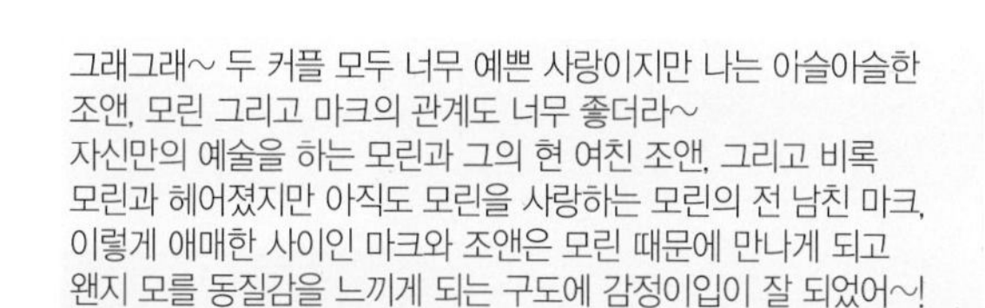

그래그래~ 두 커플 모두 너무 예쁜 사랑이지만 나는 아슬아슬한
조앤, 모린 그리고 마크의 관계도 너무 좋더라~
자신만의 예술을 하는 모린과 그의 현 여친 조앤, 그리고 비록
모린과 헤어졌지만 아직도 모린을 사랑하는 모린의 전 남친 마크,
이렇게 애매한 사이인 마크와 조앤은 모린 때문에 만나게 되고
왠지 모를 동질감을 느끼게 되는 구도에 감정이입이 잘 되었어~!

[로저엄마]

그럼그럼~ 그렇게 감동적이고 애절하고 사랑스러운 모든 순간들을
촬영한 마크 덕분에 우리가 이렇게 공연에서도 우리 아이들을
볼 수 있는 거 아니겠어? 아참 엄마들! 티켓은 예매했지?

[마크엄마]

당연하지~! 아 공연이 너무 기대된다~
그럼 그동안 우리는 커피나 먹으면서 수다 떨러 갈까?

[미미엄마]

그래~ 그러자!!

‘E’ - ENERGY : 활기

배우들이 생각하는, “나에게 렌트란?”

- 웃고 또 울며 우린 깨닫는다. 정답은 사랑이란 걸 – 김경준
- 〈렌트〉는 어지럽기도 하고 어렵지만 무엇보다 멋있고 재밌는 탱고! – 장유진
- We rent “RENT” – 김영석
- 꿈을 향한 도움닫기 – 김나영
- 첫 경험 같은 존재 – 임제혁
- 렌트? 렌트카? No! 나를 울고 웃게 해 줄 최고의 뮤지컬! – 장아침

[뮤지컬 〈렌트〉 공연 장면]

'N' - NOW : 지금

"학생연출의 사진첩"
– 배우의꿈 5번째 뮤지컬 〈렌트〉, 그 5개월 동안의 연습기록

[배우 1차 오디션]

단 몇 분 안에 '배우를 꿈꾸는 나'를 보여 주어야 하는 오디션. 숨은 보석을 찾기 위한 심사위원들의 눈빛은 여느 때보다 빛났다.

[배우 워크숍 오디션]

기초 트레이닝과 함께 치러진 워크숍 과정!
최종 선발을 위해 모든 배우들이 열정을 다해 참여하였다. 생기가 느껴졌다.

[스태프 공개 오디션]

배우의꿈 5기 학생스태프가 되기 위해 떨리는 마음으로 과제를 수행하고 면접에 참여하였다.

[배역 공개 오디션]

원하는 배역을 얻기 위해 치열하게 노력하는 배우들을 보고 뜨거운 열정을 느낄 수 있었다.

[장면 만들기 – La vie boheme]

배역이 정해진 뒤 학생연출들에게 주어진 첫 장면 만들기 미션에 혼란스러웠지만 의견을 나누고 힘을 합쳐 만족스러운 장면을 만들었다.

[보컬 수업]

송스루(Song-Through) 뮤지컬로 쉬지 않고 노래를 이어가는 우리의 〈렌트〉!
매 수업마다 늘어나는 배우들의 노래실력과 나날이 화음이 맞아가는 모습에 소름 돋았다.

[안무 수업]

힘든 근력운동과 고통스러운 스트레칭에 힘들어하면서도 끝까지 포기하지 않는 배우들을 보고 의지가 대단하다고 느꼈다.

[홍보사진 촬영]

아침부터 헤어 메이크업을 받고 전문 포토그래퍼님의 각 배우들의 프로필 사진과 콘셉트 사진, 홍보사진을 찍었다. 긴 기다림의 시간 속에서도 카메라 앞에서 모두가 빛났고 모두가 멋졌던 하루.

[장면 만들기2]

다른 어느 장면보다 앙상블들의 도움이 많이 필요한 장면이었다. 〈렌트〉는 앙상블이 매우 중요한 만큼 의견도 잘 들어주시고 실수 없이 잘해주셨다.

[1막 런스루]

각 분야 스태프들이 대거 참석한 가운데 진행된 1막 런스루. 마치 실제 무대에 선 것처럼 연습 때보다 멋진 공연을 선보이는 배우들의 모습이 무척 놀라웠다.

[최종 런스루]

자, 이제는 공연을 위한 우리의 준비는 모두 끝났다!
멋진 공연을 위해 다 함께 달려갈 일만 남았을 뿐.

“학생연출의 한 마디”

작년 기획팀에서 올해 공식 배우의꿈 홍보팀 및 학생연출로 스카우트되어 참여함으로써 무엇보다 나를 믿어주신 선생님들, 그리고 나를 믿고 따라와 준 학생연출 동생들에게 무한한 감사와 사랑을 전하고 싶다.

– 홍보팀 및 학생연출 심규민

배우의꿈 5번째 프로젝트의 학생스태프가 된 자부심을 가지게 됐고, 올 여름방학을 온전히 투자한 배우의꿈은 방학만 되면 놀러 다니는 나에게 매일 바쁘게 움직이게 해주는 활력소 같았다.

– 학생연출 임다빈

배우의꿈이라는 프로젝트에 참여하며 ‘연출가의 꿈’을 가지고 있는 나는 혼자 가만히 앉아 수업에 참관만 할 때, 힘들다는 생각도 들었지만, 지나고 보니 그 모든 시간에도 많은 배움이 있었다는 것을 알게 되었다.

– 학생연출 이선민

[5기학생연출 무대미술 제작실습]

'T' - TELL; 말하다, (말로 표현)하다

"또 다른 나에게"
- 나의 배역에게 배우들이 보내는 편지

TO. 엔젤
이 세상 누구보다 사랑스럽고 사랑하는 방법을 아는 건 당신이에요. 어쩌면 진짜로 엔젤이 천사가 아닐까 하는 생각이 들어요. 평생 그렇게 살아줘서 고마워요.

FROM. 조영종 엔젤

To. 콜린에게
엔젤이 하늘로 떠났더라도 엔젤은 항상 네 옆에 있을 거야. 그리고 친구들이 있잖아.

FROM. 고범석 콜린

TO. 미미님♡
과거에 있던 상처들로 지금까지 잘 숨기고 버텨오느라 수고했어요!!! 앞으로도 에이즈나 다른 어려움이 찾아올 때 전에는 혼자였을지 몰라도 이제는 주변에 의지하고 기댈 수 있는 사람들이 있으니까 잘 이겨내길 바라요!

FROM. 민하늘 미미

TO. 알렉시 달링 씨에게
저는 아마 완벽한 알렉시 달링 씨를 공연 때 완성하지 못할 수도 있습니다. 하지만 당신을 연기하기 위해 연구하고 또 연습하고 있습니다!

FROM. 권서연 알렉시 달링

TO. 나의 소중한 배역 팸에게♡
내가 앞으로 나아갈 나의 길에서 정말 너는 나에게 잊혀질 수 없는 존재일 거야. 너는 나에게 정말 감사하고 소중한 존재인 것 같아. 꼭 무대 위에서 보답할 수 있도록 최선을 다할게. 고마워♡

FROM. 김나희 팸

TO. 마크 어머니께
저도 어머니처럼 자유롭고 틀에 박힌 상상을 버리고 싶어요~ 어머니! 나중에 저랑 차 한잔해요!

FROM. 박지연 마크엄마

TO. 엔젤
당신의 말 하나하나를 깊이 생각해보고 당신의 행동, 생각들을 해석해 보니까 앞으로 당신처럼 살고 싶어졌어요.♡

FROM. 송연우 엔젤

To. 개나리 노란 '수'
이번엔 좀 많이 힘들었어. 너를 그냥 포기할까라고 생각도 해봤는데 그건 아닌 것 같더라. 그리고 선생님께서 말씀하셨어. "네 자신을 믿고, 네 배역을 믿으라."고.

FROM. 김자민 수

To. 로저에게
뮤지컬 〈렌트〉 공연이 끝나고 다음에 다시 너라는 사람을 여유 있을 때 만나서 널 알아가는 소중한 기회가 생긴다면 그때는 로저, 너한테 사과하고 싶다. 널 많이 사랑해주지 못해서 미안한 감정밖에 없다.

FROM. 지승민 로저

프로덕션 기록

끝없는 달림 끝에 마주하게 된 우리의 꿈

이 희 성
배우의꿈 5기 A팀 '모린'역

아직은 쌀쌀했던 4월의 어느 봄날, 부푼 가슴을 한껏 억누른 채 우리는 꿈을 향해 한발 한발을 내디뎠다. 누군가에게는 작은 도전, 누군가에게는 경험을 쌓기 위한 도전, 누군가에게는 모든 것을 걸고서 모였을 이 자리, 배우의꿈. 비록 실력이 좋지 않더라도 꿈을 향한 열정만큼은 그 누구에게도 뒤처지지 않을 만큼 불탔던 우리였다.

1차 오디션, 처음 서로를 마주했던 그날에 아직은 어색하지만 설렌 마음으로 앳된 미소를 지었던 날. 몇 날 며칠을 연습해왔던 노래와 대사, 수줍은 특기들을 작은 스튜디오 방에서 속마음으로 몇 번씩 되뇌었던 날이었다. 그날의 우리는 학생이 아니라 꿈을 향해 나아가는, 날개를 이제 막 돋치고 있는 아이들이었다.

많은 사람들 앞에 우뚝 서서 몇 번이고 연습했던 대사와 노래를 펼쳐보였던 그 순간, 정말로 내가 무언가를 해내고 있긴 하구나 싶은 마음이랄까, 묘한 긴장과 떨림에 실수도 하고, 자기 역량에 비해 많은 것을 뽐내지 못하기도 하고, 연습한 만큼을 보여주게 되어 기쁨을 감추지 못한 아이들도 있었을 것이다. 나는 아직도 그때의 미묘하고도 파동 치는 떨림을 감히 잊을 수 없다.

1차 오디션 이후의 합격과 불합격, 그 틈새로 갈리는 아이들의 행복과 좌절은 또 다른 꿈을 향해 나아가거나 자신의 꿈에 한 발자국 더 다가갈 수 있는 동기가 되었겠지. 꿈을 꾸고 있는 아이들의 열정과 노력들은 그 어떠한 보석에도 빗댈 수가 없다.

오디션이라는 과정을 밟으며 행여나 떨어지지는 않을까 초조해져 매일 매일을 기도하고 바라왔던 우리. 그렇게 조금씩 행진했던 꿈을 향한 발걸음은 최종합격이라는 살짝 큰 관문 앞에 서게 되었다. 친구들과, 가족들과, 혹은 가장 힘이 되는 사람과 함께 발표만을 기다렸었지. 최종합격 통보가 났던 그날에 나는 다리에 힘이 풀려 바닥에 주저앉아 엉엉 울었다. 사랑하는 사람들을 부둥켜안고서 꿈을 향해 한 발자국 더 나아갈 수 있음에 감사하며 몇 번이고 다짐했다. 그 누구보다, 어떠한 사람보다 최선을 다해 나의 꿈을 성장시켜 나갈 것이라고.

합격한 이후에 첫 번째 모임을 가지고 우리는 같은 길에 서 있게 된 서로를 바라보았다. 그 순간 우리는 말하지 않아도 느껴지는 묘한 동질감을 느꼈다. 같은 배우라는 꿈을 꾸며 한 자리에 모여 있는 우리. 한 팀으로서 펼치게 될 역량과 피땀을 생각하니 심장이 파도 일렁이듯 묘한 기분에 빠져들었다. 반면에 내면 깊은 곳에서는 역동적이게 꿈틀대는 열정이 슬슬 뿌리를 내리고 자라나고 있었다.

최종합격이 되어 기뻐하고 들뜰 새도 없이 트레이닝을 받고, 배우로서 갖추어야 할 자질을 배우기 시작했다. 서툴지만 차근차근히, 서로 호흡을 맞춰가며 이해하고 조심스럽게 우리는 첫 번째 공연이라는 우선적인 최종 목표의 계단을 오르고 있었다. 그러다 보니 시간은 속수무책으로 흘러갔고, 모두가 기다리고 기다렸던 작품이 발표되었다. 작품 발표가 꽤 늦게 나면서 다들 기대를 많이 하고 있었다. 우리가 다섯 번째 프로젝트의 배우로서 해 나가야 할 작품은 〈RENT〉였다.

〈RENT〉는 가난한 예술가들의 아름답고도 슬픈 사랑, 하루하루를 사랑하며 소중히 살아가는 내용을 담은 작품이다. 하지만 청소년들이 받아들이기에는 다소 민감한 단어와 내용이 섞여 있었기에 걱정도 많이 했었고 우려와 초조함으로 작품을 바라보는 시선도 있었다. 하지만 우리는 이내 배우로서 해내야 할 공연과 연습들을 생각하며 그 누구보다 사랑하는 작품으로 〈RENT〉를 손꼽게 되었다.

배우의꿈이라는 프로젝트에서 우리는 배우라는 꿈을 가지고 일주일의 반 이상을 트레이닝과 연습에 열중하게 되었다. 그 과정에서 우리는 배역을 뽑기도 하고, 선생님들의 언급에 오르느냐 마느냐에 대한 은근한 신경전과 다툼을 겪으며 성장해갔다. 그때에는 왜 그렇게까지 민감했는지 지금 생각해보면 민망하기 그지없는 것 같다.

한번은 우리에게 '배우일지'라는 작고도 커다란 과제가 주어졌다. 처음에는 어떻게 써야할지 막막하기만 했는데, 오늘 무엇을 배웠고 무엇을 느꼈으며 앞으로 내가 무엇을 어떠한 과정으로써 해결해나갈 것인지에 대해 쓰다 보니 점점 수월해졌다. 이때까지만 해도 별다른 의미 없이 그저 내가 성장해나가는 과정 중 하나라고 생각했는데, 지금 다시 배우일지를 펼쳐보면 서툴렀지만 열정만큼은 누구 못지않았던 과거의 나와 마주하는 기분을 느낀다. 코끝이 찡하다.

고민과 갈등, 충돌과 싸움. 어쩌면 좋지만은 않은 감정들을 길고도 짧았던 4달 만에 겪어오며 우리는 더욱 단단해져갔다. 그리고 이러한 과정에서 조금씩 가지게 되었던 희망, 부실한 체력과 무언가 마음 깊숙이 자리잡아버린 지침의 감정에 마냥 즐겁고 신나지만은 않았지만 트레이닝이 끝난 후의 뿌듯함과 성취감으로 모든 것을 극복해낼 수 있었다.

그렇게 우리는 험난하고도 무성히 자라나 있는 꿈의 방해 요소들을 차곡차곡 치워나갔던 것 같다. 한 순간에 무너지지 않는 법을 배우고, 배우로서 해내야 할 역량과 기초적인 멘탈 관리를. 또 겸손과 행동, 흔들리지 않고 서로를 의지하는 법을 하나하나 배워가며 우리는 그 누구보다 단단히 묶여지게 되었다.

그러다가 방학을 맞이했다. 평소 잘 정리되어 있지 않았던 팀의 분위기와 실력 때문에 우리는 방학에 모든 것들을 쏟아 부어 완성도를 높이고자 노력하였다.

하루가 지나고, 이틀이 지나고…. 장면을 만들고 수정해나가며 조금 더 우리만의 길로, 스스로 우리의 연기를 찾아나갈 수 있도록 힘썼다. 그렇게 우리는 그 한 달이라는 짧고도 길었던 시간 동안 통나무 같이 밋밋하고 부실한 실력을 다듬어가며 더 나은 형태를 만들어나가게 되었다.

혼나기도 정말 많이 혼나고 울기도 정말 많이 울었던 그 시간들. 그때에는 마냥 우울하고 속상하기만 했었는데, 되돌아보면 '그땐 그랬지.' 하고 마음 깊은 곳의 빛바래지만은 않을 추억으로 남게 된 것 같다.

[배우의꿈 5기, 뮤지컬 〈렌트〉 연습 중]

그때에는 나름 열심히 분석한답시고 인물에 빙의해서 글도 써보고 구체적인 인물의 상황과 프로필도 작성해 보았다. 하지만 장면 만들기가 시작되기만 하면 입이 떨어지지 않았다. 참 어려웠다. 그냥 아는 대로만 대답하면 됐는데 말이다. 괜스레 더 나은 대답을 하고 싶은 마음에 머리를 데굴데굴 굴리던 그때의 상황이 어렴풋이 떠오른다. 결국 돌아오는 건 처음부터 다시 해석해야 한다는 말씀과 진심어린 조언이었다.

그렇게 처음부터 다시 글을 끄적이고 대본을 몇 시간씩 정독하며 생각에 잠겼던 시간들, 그때부터였을까? 나는 배우로서 나아가는 길은 험난하고도 힘들다는 것을 알게 되었다. 마냥 좋아서 시작하기에는 조금 힘들고 지칠 수도 있다는 것을, 좋아한다고만 해서 즐겁고 신나게 모든 일을 해낼 수는 없다는 것을 말이다.

참 힘들었다. 나도 잘하고 싶은 마음만큼은 누구 못지않게 컸지만, 행동으로 보여주어야만 하는 배우이기 때문에 더할 나위 없이 슬프고 암울해져만 갔다. 전보다 더욱 정리되고 나아진 '나'를, 내가 아닌 '인물'로서의 나를 보여주어야 했기 때문에 더욱 힘에 부치지 않았나 싶다. 열심히 정리해오고 분석해왔던 것들이 선생님의 평가로 수포로 돌아갔을 때 내 자신이 너무 한심하고 초라해졌다.

'나는 여기까지밖에 안 되는 건가?' '도대체 이제 무얼 더 해야 하나….' 자괴감이 들던 시간도 많았다. 하지만 무너지면 안 됐기에, 주저 앉아버리면 안 된다는 것을 알았기에 바들거리는 입술을 억지로 여문 채 빙그레 웃어보였다. 그러다 집에 가서 남몰래 눈물도 훔치고, 새벽을 꼴딱 새며 대본과 공책을 펴고서 힘겹게 한 글자 한 글자를 다시 써내려갔다.

힘들었던 시간이었지만, 그때마다 곁에서 든든히 힘이 되어 주었던 사랑하는 선생님들과 동료들이 있었기에 버틸 수 있었던 게 아닐까. 초라하게 울고 있는 나를 들키고 싶지 않아 저녁도 거른 채 의상실 구석에서 대본을 펴고 하염없이 흐르는 눈물을 닦고 있을 때에도, 풀이 죽어 구석에 앉아있을 때에도, 언제나 두 팔로 안아주고 하염없이 토닥여주던 그 따스한 손들을 감히 잊지 못한다. 지금 생각해보아도 코끝이 찡하다.

그러던 어느 날, 잘 뭉쳐지지 않는 팀워크에 마음이 무너진 때가 있었다. 점점 더 암울해지는 분위기와 눅눅하고 습한 우리의 감정에는 열정이라는 밝고 따스한 불씨가 스며들지 않았다. 배우의꿈이 처음으로 큰 난관에 부딪히게 되었을 때였다. 가장 중요한 시기에 트러블이 일어나자 우리는 꿈을 키워왔던, 허나 이제는 다른 길로 접어들게 된 몇몇 배우들을 떠나보내게 되었다.

큰 고비를 하나 넘기고서야 우리는 조금 더 돈독해졌다. 공연에 집중하며 연습에 연습을 거듭해갔지만 모두의 기대에 미치는 퀄리티가 나오지 못했다. 그래, 실력이 뛰어나지 않으면 어떠하랴, 꿈이 있는 아이들의 진심과 열정을 보여주면 되지 않을까. 모두가 다시 한번 마음을 바로잡고 더욱 힘을 내서 공연을 준비해갔다.

공연 날짜가 점점 더 다가올수록 걱정과 불안도 커져갔지만, 이와 비례하여 마음 깊은 곳에 뿌리 잡았던 열정 또한 열매를 맺고 있었다. 시간은 흘러만 갔고, 이내 첫 공연 날짜가 다가왔다. 리허설을 위해 처음 국립극장에 들어갔을 때가 너무도 생생하다. 비가 정말 많이 왔던 날이었다. 하늘에 구멍이라도 난 듯 울컥 울컥 쏟아지는 빗물에 따라 내 마음도 일렁이기 시작했다. 꿈에서만 바라왔던 큰 무대, 내가 모든 것을 펼쳐보이게 될 그 무대를 생각하기만 해도 몸이 달아올라왔다.

빗물을 털어내며 국립극장에 조심스레 들어간 그때, 처음 들이마셨던 공연장의 냄새는 알 수 없는 짜릿한 전율을 느끼게 해주었다. 무언가 가슴 언저리에 요동치는 무거운 것이 좁은 틈새를 비집고 나오려는 듯한 이상한 기분. 내가 서게 될 커다란 무대와 세트를 보며 잠시나마 멍하게 서 있었다. 묘하게 들뜨고 설레고 숨이 가빠지는데, 눈물이 날 것만 같았다. 우리가 지금껏 해온 노력의 결실을 맺을 시간이 다가왔다는 것을 알려주듯 무대의 조명도 하염없이 반짝였다.

들뜬 기분을 정리하듯 선생님의 짧은 말씀이 이어지고, 우리는 지금까지 해 온 모든 것을 쏟아내 무대를 채워나가야 한다는 것을 깨달았다. 그렇게 우리는 의상을 입어보고, 리허설을 뛰어보며 조금 더 차분하고도 진정성 있는 '배우'의 모습을 갖춰나가게 되었다.

객석에 앉아 무대에서 조명을 받는 팀원들의 모습을 바라보는데, 가슴이 저릿했다. 정말 이제는 때가 다가왔구나 하는 생각을 떨칠 수가 없었다. 그렇게 나는 두 눈으로 모든 것을 담기 위해 주위를 천천히 둘러보았다. 무대를 둘러싸고 있는 수많은 객석들, 화려하게 빛나는 조명들, 작품을 위해 세워진 웅장한 세트. 우리를 위해 쉴 새 없이 모든 것을 정리하고 계시는 스태프 분들, 감독님, 또 많은 아티스트 분들, 연출님 등…. 우리의 공연을 위해 힘써주시는 분들이었다. 우리가 서야 할 무대, 우리의 꿈을 펼쳐주시기 위해 노력해주시던 그 모습을 잊지 못한다.

첫 공연은 B팀이 시작하였는데, 솔직히 너무 긴장하면서 대기실에서 바라보고 있었기에 잘 기억나지 않는다. 그러나 첫 공연인 만큼 부담감을 가지고 있었던 탓인지, 평소 연습해왔던 실력의 반도 나오지 않아서 너무 속상해 했던 건 기억난다. 무대에 서서 관객들에게 펼쳐 보이고 있는 팀원들을 보자 많은 생각에 잠기게 되었다. 이제는 나도 서야 할 무대, 더 이상 물러설 곳도 없는 이 순간을 즐기고 뛰어들며 우리만의 행복한 무대로 꾸며나가야겠다는 다짐.

눈 깜짝할 새에 커튼콜이 끝나고 우리의 첫 공연은 마무리되었다. 다들 내심 아쉬운 마음이 많았던 것 같다. 선생님들의 코멘트가 이어지고, 긴장감을 놓게 된 우리는 살짝 풀이 죽어 대기실에 앉아있었다. 하지만 첫 공연인 만큼 긴장을 많이 한 것은 당연한 일이었기에 서로 격려하며 내일 있을 또 다른 공연을 기대했다.

그렇게 다음날 A팀의 공연이 시작되고, 처음으로 무대에서 관객들을 바라보며 나의 무대를 펼쳐 보이는 순간이 다가왔다. 처음 조명을 받으며 내가 아닌 '인물'로서 첫 대사를 내뱉었을 때, 관객들과 소통하며 웃으며 노래를 불렀을 때의 감동은 그 무엇에도 비유할 수 없다. 두 시간의 공연임에도 체감상 1시간도 채 걸리지 않은 것 같았다.

공연이 끝나고 벅찬 감동을 느꼈으나, 대사를 실수했기에 자괴감이라는 좋지 않은 감정으로 돌돌 말아 숨고 말았다. 미안해서 고개를 들 수가 없었고, 내 실수로 인해 공연을 다 망친 것만 같아서 눈물이 그치질 않았다. 하염없이 나 스스로를 깊은 구덩이에 밀어 넣고 있었던 그때, 선생님들과 팀원들이 위로와 격려로 자괴감을 하나하나 풀어주었다. 지금 생각해보아도 너무 고맙고 미안하기도 하다. 우리 팀에 이어 B팀의 공연도 있었기에 다시 한번 정신 차리고 남은 공연을 도와주며 이어나갔다.

끊임없이 달리고 달려 각 팀마다 마지막 공연을 앞두게 되었다.

B팀은 마지막 공연을 끝마치고 서로를 부둥켜안고 하염없이 우는데, 보는 내내 마음이 아팠다. 하지만 A팀의 공연이 2회나 남았고, 아직 끝나지 않은 여정이었기에 살짝 꾸중을 들은 뒤, 다음 날 A팀의 마지막 공연을 올리게 되었다.

아침부터 다들 눈물바다였다. 이유인즉슨, 서재경 선생님께서 우리가 달려온 이 길을 하나하나 되짚어주시며 격려와 위로로 우리를 보듬어 주셨기 때문이었다. 솔직히 울 생각은 없었다. 공연이 끝난 후 마음껏 울 생각이었는데, 감정의 수도꼭지를 선생님께서 열어버리고 말았다. 가장 많이 혼나고 가장 많이 울었던, 내가 정말 존경함과 동시에 공포의 대상인 서재경 선생님으로부터 1대 1의 칭찬을 듣는데, 하염없이 눈물이 뚝뚝 흘러내렸다. 멈출 수가 없었다.

그렇게 다들 후회 없는 마지막 공연을 올리고자 최선을 다해 우리의 마지막 무대를 채워나갔다. 정말 마지막이 다가올 것이라고는 상상도 하지 못했는데 어느 순간 눈을 떠보니 마지막 무대에 서 있었다. 눈물이 났다. 4일의 시간 동안 6회의 공연을 뛰며 체력적으로도 정신적으로도 피폐해지고 지쳐갔지만 그 순간만큼은 쑤셨던 몸도, 피곤에 찌들었던 정신도 맑아질 만큼 최선으로 화답하기 시작했다.

마지막 커튼콜 전 장면부터 이미 한두 명씩 눈물을 흘리기 시작했다. 이 중에는 나도 포함되어 있었는데, 공연 중에 눈물을 흘리면 안 될 것 같아 고여 있는 눈물을 말리며 애써 연기를 계속해나갔다. 커튼콜을 올리며 노래가 다 끝난 후에도 서로의 얼굴을 제대로 바라보지조차 못했다. 주체할 수 없는 눈물을 그저 흘려보내며 마지막 관객 분들을 바라보았다. 세트가 점점 어두워지고, 관객들의 박수갈채가 이어질 때까지도 우리는 눈물 덕에 뿌옇게 흐려진 시야로 마지막 세트장을 바라보며 공연을 비로소 끝마치게 되었다.

쉼 없이 달려온 5달이 넘는 시간, 이제는 더 큰 꿈을 바라보며 나아가야 할 우리. 이 공연을 끝으로 만족하는 것이 아니라 이제는 돋아왔던 날개를 활짝 펴고 더욱 험난한 꿈이라는 하늘을 훨훨 날아가야 할 시기다.

몇 달의 시간 동안 같이 울고 웃으며 보내왔던 시간을, 같이 혼나고 꾸중 들으며 서로를 위로해왔던 시간들을, 많은 난관에 부딪히며 끝이라고 생각했던 때에 도움이 되어주었던 동료들을.

이 6번의 공연을 위해 노력해온 우리들의 진심어린 열정을, 흘려온 수많은 땀과 눈물, 노력을. 다시는 느끼지 못할 그 순간의 감동을 평생 마음 깊은 곳에 새겨놓게 되었다. 한 분 한 분을 다 옮겨 적지는 못하지만, 우리를 위해 힘써주시고 노력해주셨던 모든 선생들께 감사와 죄송한 마음을 이 서툰 글에라도 담아놓고 싶다.

다음에는 더 나은 배우로, 더욱 성장한 배우로, 한껏 성숙해진 배우로 서로를 마주하게 될 날이 언젠가는 다가오겠지. 하루하루를 사랑하며 소중히 살아갔던 〈RENT〉의 인물처럼, 우리도 이 배우의꿈에서의 과정을 잊지 않고 앞으로의 꿈을 위한 하루하루를 소중히 생각하고 곱씹으며 겸손한 배우로 성장하면 좋겠다.

사랑하는 동료들, 존경하는 선생님들, 우리를 위해 힘써 주셨던 모든 분들을 잊지 않고 기억하겠습니다. 이런 기회를 주심에 대해 정말 감사하고, 꿈을 향해 나아갈 수 있도록 든든한 힘이 되어 주셔서 하염없이 감사드릴 뿐입니다. 꼭 꿈을 이루어서 성장한 배우로 뵙겠습니다.

모두들 몇 달이라는 시간 동안 너무 수고 많았어요. 배우의꿈 5기를 마무리하며 앞으로 이어질 6, 7기를 넘어선 또 다른 배우의 꿈을 가진 친구들에게 진심어린 응원을 하고 싶습니다.

다들 너무 사랑하고 고마웠습니다.

꿈의 에세이

Part 1.
꿈을 꾸나요?

개척해나가는 나의 길,
성장하는 나의 꿈

강 세 희

배우의꿈 4기 〈헤어스프레이〉 트레이시 역
배우의꿈 3기 〈페임〉 세레나 캇쯔 역
배우의꿈 2기 〈헬로, 돌리!〉 어먼가아드 역

나는 세상의 빛이 될 배우를 꿈꾸고 있다. 벌써 배우의꿈이 1기와 내가 거쳐 갔던 2, 3, 4기를 지나 5기까지 오게 되었고, 꼬꼬마 중학교 3학년에서 어느덧 입시생이 되었다. 이젠 배우의꿈이 아닌 대학 입학을 바라보는 나이가 되다니, 시간이 정말 빠르게 느껴진다.

아무것도 모르던 중학교 3학년 때 만나게 된 배우의꿈은 나를 무척이나 많이 성장시켜 주었는데, 특히 마냥 행복하고 좋았던 2기, 어려움이 많았던 3기를 지나서 만나게 된 4기, 〈헤어스프레이〉 공연을 했을 때의 이야기를 나누고 싶다.

배우의꿈 프로젝트 4기에 참여하며 보냈던 나날들은 나에게 많은 깨달음을 가져다준 소중한 시간들이었다. 어릴 때부터 소심하고 소극적인 성격이었던 나는 누군가를 이끄는 사람이 아닌, 항상 이끌려 다니는 사람이었다.

그러다 보니 제 인생에 나의 주장, 나의 생각은 없었고 무엇을 먹든지, 어딜 가든지 항상 "난 너희들이 선택하는 걸로 할게."가 입버릇이었다.

이런 나의 성격은 배우의꿈을 만나게 된 후 서서히 바뀌게 되었다. 시간이 지나고 무대 위에 오를수록 내 성격은 점점 밝고 활발하며 남들의 시선과 무대 위에 서는 걸 즐기게 되었다.

그리고 4기가 시작되기 전부터 새로운 도전에 발을 들이겠다고 다짐했다. 바로 배우장이 되어 다른 배우들을 이끌어주는 역할을 하는 것이었다.

왜냐하면 나에게는 롤모델이 있었기 때문이다. 내 롤모델은 바로 배우의꿈 2기, 〈헬로, 돌리!〉에서 주인공 돌리이자, 배우장을 맡았던 최유림 언니였다.

중학교 3학년, 어렸던 내게 고등학교 2학년인 유림 언니의 듬직하고 믿음직한 모습은 깊은 인상을 남겼고, 언니의 따스함은 내게 소중한 기억이자 추억이 되었다. 난 언니가 내게 주었던 따스함과 행복을 4기 아이들에게 베풀어주고 싶었고 힘들 때 의지할 수 있는 배우장이 되어주고 싶었다.

하지만 배우장의 자리란 생각처럼 순탄하지 않았다. 30명이 넘는 친구, 동생들을 이끌어 가는 것은 시간이 지날수록 점점 무거운 짐이 되는 기분이었고, 믿음직한 배우장이 되지 못하고 다른 배우들과 소통하지 못한 것 같다는 생각에 죄책감은 점점 커져만 갔다.

그럴 때마다 내 마음을 잡아준 것은 바로 '트레이시'였다. 트레이시는 헤어스프레이의 중심축인 인물로서 뚱뚱하다는 이유로 사람들의 편견에 눈초리를 받지만 초긍정 파워로 모든 걸 이겨내고 자기의 꿈을 향해 직진하여 결국 이루어내는, 밝고 따뜻한 에너지를 가지고 있는 친구다.

그런 트레이시 특유의 긍정성은 연기를 하는 나까지도 행복하게 만들어주었고, 용기와 희망을 주었다.

무대 위에 나와 있는 씬이 많은 친구이기 때문에 배우장의 역할까지 동시에 실천하기에 어려움이 따르긴 했지만 트레이시는 그 어떤 캐릭터보다 나와 닮은 점이 많은 아이이기 때문에 '이럴 때 트레이시라면 어떻게 했을까?' 하는 생각으로 이겨내곤 했다. 시간이 갈수록 트레이시와 나는 하나처럼 느껴졌다.

트레이시의 밝은 점이 점점 내게 스며들었기 때문일까. 나는 배우장으로서, 트레이시로서 둘 다 후회 없는 시간을 보냈다.

이런 배우의꿈 4기는 나에게 가장 고된 시간이었지만 그만큼 보람도 크게 느끼게 해주었던 잊을 수 없는 소중한 기수였다. 현재 입시를 하고 있는 지금, 부쩍 지나온 배우의꿈 공연들이 그리워진다. 무대에 설 수 있는 것이 얼마나 큰 기회이자, 기쁨이고, 즐거움이라는 사실을 알아주시길 바란다. 다시 무대에 설 날을 그리며, 오늘도 난 배우의 꿈을 꾼다.

[뮤지컬 〈헤어스프레이〉 공연 장면]

쾌락이 아닌 행복한 삶으로

장 은 준
배우의꿈 4기 〈헤어스프레이〉 링크 역

내 꿈은 행복하게 사는 것이다. 그리고 내가 행복하게 살기 위해 선택한 것은 배우라는 직업이다.

나는 어릴 시절부터 공부가 너무도 싫었다. 축구하다 구몬 선생님이 오셔서 집에 들어가는 것도 싫었고, 영어학원에서 단어 시험 보는 것도 싫었다. 나는 그냥 친구들과 게임하고 축구하는 재미에 살았다. 가끔은 책 읽는 것도 좋아하긴 했다. 그러나 내게 공부는 그저 미래를 안정적으로 살아가게 하기 위한 수단으로밖에 보이지 않았고 재미도 없었다.

하지만 초등학교 시절 저는 엄마가 무서웠던 탓에 군소리 한 번 하지 못하고 엄마가 시키는 공부를 했다.

그리고 시간이 흘러 중학생이 된 나는 약간의 반항심과 중2병으로 인해 어디로 튈지 모르는 럭비공처럼 되었다. 그때 강렬한 하나의 문장을 보게 되었다.

"인생은 행복한 것만 하기에도 부족하다."

이 문장을 보고 나는 이상한 방향으로 튀게 되었고 하루 종일 잠자고, 게임하고, 축구하고, TV 보고, 기타 등등 쾌락을 행복이라 착각하며 하루하루를 살아갔다.

나의 하루 일과는 정말 보잘 것 없는 생활이었고 그 속에서 영화나 드라마도 즐겨 봤다. 그러던 중 문득 영화나 드라마 속에 나오는 배우들이 멋있어 보였다. 그리고 상상해봤다. '내가 만약 배우가 된다면 어떨까?' 그렇게 상상해본 결과 뭔가 내가 더 잘할 것 같다는 근거 없는 자신감이 마구 솟구치기 시작하더니 어느덧 나를 방송 연기학원까지 가게 만들었다.

그때 나는 중학교 3학년이었고 학원에서 귀여움을 받아가면서 연기했다. 정말 연기는 소꿉놀이와 다를 것이 없었고 마냥 즐겁고 행복했다. 연기를 하는 것은 아주 많이 재미있었고 재미있다 보니 잘하고 싶었다. 그래서 나는 '연기를 잘해보자.'며 다짐했다.

그런데 참으로 이상한 것이 연기를 잘하려고 마음먹고 난 후부터는 쉬웠던 연기가 어려워지기 시작했다. 하지만 나만의 방식으로 그 어려움을 해결한 후 배우의꿈을 만나 무대에서 연기할 때는 그동안 좋아했던 게임, TV, 축구가 주는 즐거움 이상 행복했다.

그래서 나는 행복하기 위해 배우를 하겠다고 굳게 다짐했다. 왜냐하면 나의 꿈은 행복하게 사는 것이기 때문이다. 요즘에는 행복과 쾌락을 구분하는 연습을 하고 있다. 옛날의 장은준처럼 쾌락을 행복이라고 착각하면 행복해질 수 없을 테니까 말이다.

나의 꿈은 위에 있지 않고 내 옆에 있다.

완전해지기 위한 길

이 보 경
배우의꿈 4기 〈헤어스프레이〉 샤이나/로레인 역

배우의꿈을 만나기 전 내 꿈은 많이 위태로웠다. 2년 전부터 뮤지컬 배우라는 꿈을 키우며 이런저런 경험을 하고 부딪쳐 보는 동안 받은 크고 작은 상처들이 있었고, 주변에서 항상 나에게 말하는 "넌 절대 할 수 없다."와 같은 비난과 조롱을 온몸으로 견뎌야 했다.

그런 과정에서 어느새 '그래 나는 할 수 없을지도 몰라….' 하는 자신감 부족에 휩싸여 있었다. 그렇게 내가 이 꿈을 정말 포기해야 하는지 고민하던 중 우연히 만나게 된 게 바로 배우의꿈 프로젝트였다.

배우의꿈에서 청소년 배우를 모집한다는 공고를 보고 심장이 덜컹 떨어졌다. 주변의 수많은 비난과 그만하라는 조언에 점점 자신을 잃어갔지만 그저 뮤지컬을 너무도 하고 싶다는 마음이

켰던 나는 '그래 이게 진짜 마지막이야 정말 마지막이야.' 하며 떨리는 마음으로 지원하였다.

지원한 후부터 진정 살아있음을 느꼈고 너무도 간절하고 절박했다. 뮤지컬에 대한 갈망 때문에 하루하루 간절히 기다리는 시간이 느리게 갔다. 그러나 세상에는 나보다 절실한 사람이 있을 수도 있고 나만큼 간절한 사람이 많다고 생각하니 아득해서 눈앞이 캄캄하기도 했다.

오디션에 가보니 정말 상상을 초월할 정도로 사람이 많았다. 자신감이 밑바닥을 쳤지만, 더 이상 물러날 곳이 없고 도망칠 곳도 없다고 생각하니 정말 절박한 마음만 남아서 최선을 다해서 오디션에 임했다.

기적적으로 오디션에 합격하여 배우의꿈에 합류하는 순간 나의 뮤지컬 배우의꿈은 다시 살아났다. 지금도 다시 생각하면 이런 기회를 주시는 선생님들께 정말 감사드린다. 배우의꿈을 하면서 참 많은 것을 배웠다. 연기를 어떻게 잘하느냐, 어떻게 움직이고 반응해야 하느냐보다 배우로서, 어떻게 임해야 하는가에 대해 배우게 된 기회가 되었다.

많은 사람들이 모인 공동체에서, 서로서로를 도와주고 배려해서 작품을 만드는 과정에서 어떻게 임해야 하며 어떤 의무감을 가져야 하는지도 많이 배웠다.

그래서 진정으로 성장할 수 있었다.

그리고 또 얼마나 무대를 신성히 생각하고 진정으로 얼마나 성실하게 노력해야 무대에 설 수 있는지도 배웠다. 하나의 작품이 무대 위에 오르기 위해 얼마나 많은 사람들이 수고해야 하는지, 무대에 서진 않지만 얼마나 많은 분들이 노력하고 수고하셨는지에 대해 깊게 깨달았기 때문에, 정말 모든 분들에게 감사하며 살아갈 수 있었다.

그렇기 때문에 나는 지금도 단지 연기와 노래를 잘하고 싶은 욕심만 있는 게 아니라, 정말 모든 분들에게 감사하고 모든 기회를 소중히 여기고 성실하고 꾸준히 노력하며 모든 사람들과 협력하며 좋은 작품을 올리는 배우가 되고 싶은 욕심이 생겼다. 꾸준히 무대를 신성히 여기고 그럼으로써 끝까지 초심을 잃지 않는 배우가 되는 것이 하나의 목표가 되었다. 그리고 항상 겸손히 감사하며 누가 보고 있어도, 혹은 보고 있지 않더라고 그 있는 자리에서 성실히 연습하며 작품을 위해 노력하는 배우가 되겠다고 다짐할 수 있었다.

배우의꿈은 그저 공연할 수 있는 값진 경험을 심어주고, 저의 꿈을 다시 살아나게 한 프로젝트가 아니라 배우로서 사람을 성장할 수 있게 해준 저의 터닝 포인트라고 할 수 있다. 앞으로 나는 배우의꿈에서 배운 것들을 가슴속에 깊이 담아두고 진실하고 성실하며 감사하는 배우의 길로 한발 한발 나아갈 것이다.

배우의꿈 프로젝트는 매년 새로운 청소년들과 함께 공연을 하며 진정한 배우로 거듭나기 위한 덕을 가르치는 곳이다. 앞으로의 배우의꿈 프로젝트를 응원하며 나와 같은 많은 분들이 배우의꿈을 통해 진정한 꿈을 찾거나 자신의 꿈을 더 단단히 할 수 있길 바란다. 정말 간절하면 기회가 찾아온다는 사실을 잊지 말기를 바라고, 이 글을 읽는 모든 분의 삶을 응원한다.

[뮤지컬 〈헤어스프레이〉 공연 장면]

나에게 부족한 것이 무엇인지 아는 것부터가 시작입니다

권 서 연
배우의꿈 5기 〈렌트〉 알렉시달링 역
배우의꿈 4기 〈헤어스프레이〉 앰버 역

나는 15살이다. 내가 배우가 되고 싶다고 하면 흔히 물어본다. "왜 배우가 하고 싶어?" 아주 멋지고 거창한 대답들이 있을 수 있지만 난 아주 단순히 대답한다. "연기하는 게 좋고 행복해서요."라고 말이다.

지금부터 나의 꿈에 관한 이야기를 시작해볼까 한다. 나는 어린 시절부터 춤추는 것이 굉장히 좋았다. 그러다 보니 자연스럽게 춤을 배우게 되었고, 우연히 '뮤지컬'이라는 예술에 빠지게 되었다. 그렇게 난 어릴 적부터 뮤지컬을 배우게 되었고, 부모님의 지원으로 어린 나이에 하기 힘든 경험들을 다양하게 많이 해보게 되었다.

하지만 시간이 지날수록 내 실력의 한계를 굉장히 많이 느끼고 힘들어하던 중에 학교 선생님께서 내게 "'배우의꿈'이라는 프로젝트가 있던데 너한테 도움이 될 것 같은데 한번 해보면 좋을 것 같아."라고 하시며 지원서를 주셨다.

프로젝트 지원에 망설이던 나는 부모님의 적극적인 추천으로 지원하게 되었고, 정말 부족한 실력인 나를 감사하게 뽑아주셔서 4기 〈헤어스프레이〉 공연을 할 수 있게 되었다.

나이도 어린 편이고 실력도 부족하던 나에게 '앰버'라는 과분한 역할도 주셨다.

뮤지컬은 많이 해봤지만 대본분석, 역할분석은 '배우의꿈'을 만나서 처음 경험했다. 처음에는 정말 스트레스도 많이 받고, 많이 울기도 하고, 많이 힘들었다. 선생님의 말씀도 어렵고 '앰버'라는 역할이 나에게는 부담도 많이 되었다.

하지만 4기 팀원인 언니, 오빠, 친구들 그리고 훌륭하신 선생님들 덕분에 시간이 흐를수록 역할에 대한 자신감이 생기고 덕분에 나의 실력이 한 단계 성장할 수 있는 발판이 되었다. 그리고 모두 함께 힘들었던 시간을 견디고, 서로 도움을 주면서 멋진 공연을 올리기 위한 목표 하나만으로 공연까지 올리게 되었다.

공연은 실수도 많았지만 우리의 노력과 열정으로 성공적으로 마치게 되었다. 그리고 공연이 끝난 후 조금이라도 확신을 갖게 되었다. '나는 이 길을 가야겠다.' 그동안 배우라는 직업을 꿈이라고는 말해왔지만 솔직히 이게 내 길이 맞는지 확신할 수 없었다. 하지만 공연 후 나는 배우라는 직업을 너무 하고 싶다고 생각하게 되었다.

그래서 TH액팅아카데미 트레이닝반에서 실력을 발전시키기 위해서 배우게 되었고 결국 '배우의꿈'이라는 프로젝트에 한 번 더 참여하게 되었다. 이런 좋은 기회가 언제 올지 모르기 때문이다.

5기 작품은 〈렌트〉다. 평소에 '렌트'라는 작품에 대해서 알고는 있었지만 알려진 노래 말고는 조금은 생소한 뮤지컬이었다. 그리고 대본을 보니 이해하기가 어려웠고 모두 노래라서 정말 힘들 것 같다는 생각이 들었다.

하지만 다시 생각해보니 '내가 언제 이런 뮤지컬을 또 해볼 수 있겠어?'라는 생각과 함께 이 뮤지컬을 한 후에 나는 또 한 단계 성장할 수 있겠다는 생각이 들었다. 그리고 훈련들이 진행되면서 내가 부족한 점 그리고 고쳐야 될 점들을 많이 느끼게 되었다. 물론 다 고쳐질 순 없겠지만 나에게 부족한 것이 무엇인지 아는 것부터가 시작인 것 같다.

그리고 캐스팅이 되었다. 나는 거지와 알렉시 달링이라는 역할을 맡게 되었다. 2번째지만 아직도 분석하고 연구하는 것은 나에게 어렵게 느껴진다. 하지만 5기를 시작하기 전에 트레이닝반에서 수업 받고 공부한 덕분에 전보다는 수월했고, 주변에서 도움을 주는 5기 팀원들과 선생님들께서 계시니 비록 분석이 어렵고 힘들더라도 할 수 있다는 생각을 가지고 더 완벽한 역할을 만들기 위해 더 생각하고 공부하고 있다. 5기가 끝나도 나는 배우의 길을 향해서 가고, 또한 한 단계 성장해 있을 것을 기대한다.

많은 분에게 감동을 드릴 수 있는 공연을 만들기 위해 노력할 것이다. 비록 프로처럼은 잘하지 못하더라도 우리 꿈에 대한 간절함과 열정을 한가득 느낄 수 있는 공연이 될 것이다.

[뮤지컬 〈렌트〉 공연 장면]

Don't dream it, be it!

정 단 비

배우의꿈 5기 〈렌트〉 미미 역

배우의꿈 4기 〈헤어스프레이〉 음향스탭

2016년 여름, 나는 배우의꿈 4기 공연에 음향스탭으로 참여를 하게 됐다. 처음 아이들의 공연을 봤을 때의 충격을 잊을 수가 없다. 내 또래의 아이들, 나보다 더 어린 아이들이 프로 못지않게 무대를 즐기고 있었다.

4일 간 무대 뒤에서 아이들이 공연을 하는 걸 지켜보는데 부러운 마음을 감출 수가 없었다. 나도 저 친구들처럼 무대에 서고 싶었다. 그래서 4기 공연이 끝난 후, 배우의꿈 프로젝트 5기 모집 공고가 뜨는 날만을 기다렸다.

내가 처음 뮤지컬을 접한 건 초등학교 4학년이다. 우연히 집 안 구석에 굴러다니던 뮤지컬 명성황후의 CD를 틀었는데 신선한 충격이었다. 노래로 이야기와 감정을 전달하다니. 그리고 그 해 겨울, 엄마가 나를 명성황후 공연장에 데리고 갔다.

아직도 나는 막이 오르는 순간의 그 짜릿한 전율을 잊을 수가 없다. 터질 것 같은 심장을 부여잡으며 공연을 봤고, 막이 내리는 순간 나는 뮤지컬 배우가 되어야겠다는 생각 외에 다른 생각은 할 수 없었다.

중학교 때의 나는 하고 싶은 건 있는데 어떻게 해야 할지 모르는. 그렇다고 적극적으로 뭔가를 찾아보려는 노력도 하지 않는 그저 그런 아이였다.

그래서 무작정 노래만 불렀다. 학교가 끝나고 집에 오면 방음 걱정을 하며 누군가 집에 올 때까지 화장실에서 3시간이고 4시간이고 계속 노래하며 연습했다.

내 진로에 대해 진지하게 고민하고 확신을 하게 된 건 고등학교에 올라오면서다. 아무리 생각해도 나는 연기를 하고 노래를 하는 순간이 가장 행복했다.

그렇게 내 자신에게 확신을 갖게 되니 자연스럽게 많은 기회들이 나를 찾아왔고, 배우의꿈은 나한테 찾아온 첫 번째 기회였다. 1차 오디션 때 많은 준비를 해 갔지만, 사실 정말 자신이 없었다. 평생 누구 앞에서 진지하게 노래를 불러본 적이 없었기 때문에 떨리기도 많이 떨렸다. 그래도 어떻게든 내가 가진 전부를 보여주자는 생각으로 오디션에 임한 것 같다. 그리고 합격자 발표날, 두근거리는 마음을 붙잡고 친구들과 모여 결과를 확인했다. 합격. 살면서 이렇게 행복했던 적은 없었을 것 같다. 1년을 간절히 원했기 때문인지 더 기뻤다.

이번 배우의꿈 5기에서는 뮤지컬 〈렌트〉를 공연한다. 나는 여기에서 미미라는 큰 배역을 맡게 되었다. 사실 배역이 발표되었을 때는 기쁨보다 '아무것도 모르는 내가 미미를 소화할 수 있을까?'하는 걱정이 더 컸다.

그렇지만 선생님들의 수업을 듣고, 더블 캐스트인 하늘이와 계속해서 인물에 대한 대화를 나누며 점점 미미라는 캐릭터를 이해해가고 있는 것 같다. 뭔가 하나씩 발견할 때마다 너무 행복하고 더 찾아내고 싶어진다. 공연 때에는 정말 완벽한 나만의 미미를 연기하고 싶다.

배우의꿈의 가장 큰 장점은 나와 같은 꿈을 가진 사람들과 소통할 수 있다는 점 같다. 사람들과 인물에 대한, 작품에 대해 생각을 나누고 토론을 하는 과정들이 나를 성장시킨다.

시험기간과 겹치고 아침 일찍 나오는 것 등등 내 몸은 피로하지만 그 과정 속에서 내가 배우로서 성장하고 있다는 것을 느낀다. 요즘 나는 혼자 연습할 때는 절대 느낄 수 없었던 감정을 느끼고, 배움을 받고 교류하며 너무 행복하게 살아가고 있는 중이다. 이런 기회를 가질 수 있게 해주신 배우의꿈 모든 선생님들께 정말 진심으로 감사드린다.

첫 공연까지 얼마 남지 않았다. 정말 별 탈 없이 잘 준비해서 5기 사람들과 멋지게, 역대급 퀄리티의 뮤지컬 〈렌트〉를 만들고 싶다. 배우의꿈 5기 파이팅!

[뮤지컬 〈렌트〉 공연 장면]

즐겁고 행복할 수 있을까?

곽 동 현
배우의꿈 5기 〈렌트〉 마약상 역

나의 꿈은 항상 변해왔다. 어릴 때부터 축구선수, 우주비행사, 과학자, 가수, 아이돌, 변호사 등 많은 꿈을 꾸었고 도전해보았다. 그 꿈을 꾸는 동안에 나는 그저 유명해질 수 있고 잘 나갈 수 있고 돈 많이 버는 껍데기만을 위한 직업들을 꿈꿔왔다.

하지만 그 꿈들을 이루기 위해 도전해보고 직접 체험도 해봤지만 마지막에 드는 생각은 재미가 없거나, 재능이 없다고 여겨지거나, 이 직업으로는 성공할 수 있을지 의문이 들었다.

나는 그 후로 2년간 꿈을 꾸지 않았으며 그냥 학교 갔다, 피시방 갔다, 친구들과 놀다, 먹고 자고, 학원가는 것과 같은 평범한 생활들을 지속했다. 그러다 문득 든 생각은 나는 진짜 뭘 하고 싶고, 뭘 위해 사는지 고민하게 됐다. 많은 고민 끝에 마지막으로는 내가 평생을 즐기며 행복하게 사는 것이 가장 중요하다는 생각에 이르게 됐다.

그때부터 내 꿈은 직업이 아닌 즐겁고 행복해지는 것이 되었다. 그런 생각을 갖고 난 후 내 삶을 살아가는 방식이 바뀌었고 전에는 어둡고 소심하고 까칠했다면 그 이후론 밝고 자신감 있고 따뜻하고 웃음이 많은 사람이 되었다.

나는 행복하고 즐겁기 위하여 내가 원하고 이루고자 하는 것은 어떤 상황이든 고민하지 않고 무작정 시도했다. 하고 싶은 것을 참지 않고 할 수 있다는 것이 너무 행복하고 즐거웠다. 내 꿈이 이루어진 것이다.

그렇게 살아오다가 나는 배우라는 예술가에 관심을 갖게 되었다. 가끔 영화나 연극에서 배우들이 연기할 때 정말 즐겁고 행복해보였기 때문에 배우라는 것이 하고 싶어졌다.

나는 무작정 연기학원에 등록하고 수강하면서 연극공연도 해봤다. 하지만 내가 생각한 것과 달리 배우라는 직업이 정말 힘들고 외롭고 고된 직업이라는 것을 깨달았다. 그런 상황에서 연극공연을 올리게 되었는데 나는 그날의 쾌감을 잊을 수가 없다. 정말 즐겁고 짜릿하고 행복했다.

배우라는 꿈에 확신을 갖게 되었다. 나는 어쩌면 재능이 없을지 몰라도 연기라는 예술이 어떻게 표현되느냐에 따라 여러 가지가 보이는 것에 무궁무진한 흥미요소가 있는 것을 깨닫게 되었다. 앞으로도 이 길을 계속 걷고 싶다.

배우의 꿈, 배우로서의 첫 걸음을 내딛다

김 나 희
배우의꿈 5기 <렌트> 조앤엄마/팸 역

내가 배우의 꿈을 갖게 된 것은 중학교 2학년 때 쯤으로 기억한다. 당시에는 한창 TV나 영화를 즐겨보곤 했었는데 배우들의 연기가 상대방에게 감동을 줄 수 있다는 점에서 매력을 느끼게 되었기 때문이다.

하지만 나는 부모님이 반대하실 거라고 예상했기에 이러한 나의 꿈을 부모님께 말하는 것을 처음엔 망설였다. 그리고 결국 용기 내어 부모님께 말했을 때 예상대로 반대하셨다. 하지만 시간이 흐를수록 나의 꿈은 더욱 확고해졌고 부모님께 연기학원에 보내달라고 설득도 해보고 떼를 써보기도 했다.

끝내 중학교 3학년 후반 즈음 나는 연기학원에 다니는 걸 허락받을 수 있었고, 예고 입시 준비를 하기에 다소 늦은 시기임을 알고도 정말 굳은 마음으로 예고 입시반에 들어가게 되었다. 하지만 막상 학원에 다니다 보니까 정말 있는 힘껏 열심히 하겠다는 나의 결심은 거기서 만난 새로운 친구들과 친해지고 놀면서 점점 사라져갔다. 결국 내가 원했던 예술 고등학교도 떨어졌다.

하지만 어떻게 보면 나 스스로가 반성하고 더욱 열심히 하게 된 계기가 되기도 하였다. 떨어지고 나서 정말 깊은 후회가 밀려왔고, 고등학생이 되자 부모님은 일단 학업성적에 집중하라고 하시면서 연기학원도 그만두게 하셨다.

하지만 연기가 너무 하고 싶어서 부모님과의 약속대로 성적을 올리기 위해 정말 열심히 노력하고 수업시간에도 적극적으로 참여해서 어느 정도 성적을 올릴 수 있었다.

또 내가 정말 많이 후회하고 반성한 이후, 나는 집에서 틈날 때마다 학원 다닐 때 배웠던 대본들과 뮤지컬 노래들 그리고 스트레칭을 꾸준히 연습하였다.

어찌 보면 나는 연기학원을 다니기 전까지는 뮤지컬에 대해서는 잘 알지도 못하고 관심조차 없었던 것 같다. 하지만 학원에서 뮤지컬 넘버들을 배우면서 뮤지컬에 대해 알아가면서 푹 빠지게 되었고, 그래서 집에서 내가 배웠던 뮤지컬 넘버뿐만 아니라 친구들이 배우던 뮤지컬 넘버들도 모조리 연습하였다. 학원에 다닐 때 선생님이 지적해주셨던 부분들에 대해서 곰곰이 생각해보고 연습해보기도 했다.

그러다가 우연히 친구를 통해 배우의꿈 프로젝트라는 것을 알게 되었고 오디션을 보게 되었다. 하지만 준비한 기간도 얼마 되지 않았고, 아직은 많이 부족했는지 떨어지게 되었다. 두 번의 실패에도 불구하고 나는 희망을 잃지 않고 집에서 혼자 꾸준히 열심히 연습했다. 솔직히 내가 하는 것에 대해 지적해주는 사람이 없으니까 잘하고 있는 게 맞는지 확신이 서지 않긴 했지만 열심히 반복해서 연습했다.

또 한해가 지나고 배우의꿈 프로젝트에 참여할 수 있는 기회가 다시 한번 찾아왔을 때, 사실 오디션에 지원하기까지 정말 많이 망설였다. 이번에도 떨어지게 되면 나 스스로가 정말 실망할 것 같았는데, 그 점이 많이도 두려웠다.

하지만 어쩌면 고3이 되기 전 나에겐 정말 마지막 기회일 수도 있고 또 떨어지게 되더라도 좋은 경험이라 생각하자고 나 스스로 다독이면서 용기를 내었다.

이번엔 정말 열심히 준비했다. 그동안 집에서 연습했던 독백과 노래 중 가장 나와 어울리는 작품을 택해서 학교가 끝나자마자 집으로 뛰어와서 학원에 가기 전까지 연습해보기도 하고 새벽까지 작품의 동선을 짜기도 하면서 오디션을 준비했다.

결국 이번엔 정말 감사하게도 붙을 수 있었다. 부모님 또한 나 스스로 노력하는 모습을 보고 오디션에 붙은 걸 함께 기뻐해주셨다. 이 프로젝트에 참여하게 된 것이 나에게는 희망이라는 빛을 볼 수 있는 계기가 된 것이다. 모든 두렵다고 포기하지 말고 계속 도전하고 실패와 싸우다보면 내가 원하는 바를 이룰 수 있다는 것을 절실하게 느낄 수 있었다.

나는 배우의꿈 프로젝트를 하면서 공부도 놓칠 수 없어서 둘 다 병행하다 보니까 체력적으로도 정신적으로도 많이 힘들지만 친구들과 같이 땀 흘리는 순간만큼은 너무 행복하고 감사하다. 또 내가 배우의꿈을 통해 이러한 나의 고통을 뛰어넘어 배우라는 꿈에 한 발짝 더 다가갈 수 있고 성장할 수 있는 계기가 되면 좋겠다.

[뮤지컬 〈렌트〉 공연 장면]

이곳에서의 첫 걸음

민 하 늘
배우의꿈 5기 〈렌트〉 미미 역

누군가가 나에게 “넌 꿈이 뭐니?”라고 물어봤을 때 나는 쉽게 대답하지 못했다. 꿈이 없어서가 아니라 꿈이 너무 많아서, 하나만 정하기 쉽지 않아서 답하지 못했던 것이다. 나는 어렸을 때부터 해보고 싶은 일들이 정말 많았다. 너무 많아서 하나에 깊이 파고들지 못했다.

꿈을 아직 찾지 못한 사람이었더라면 적어도 공부를 하며 준비했을 텐데, 나는 그것도 아니었다. 하고 싶은 것이 많다 보니 하나하나를 콕콕 찌르기에 바빴다.

꿈이 많아서 처음에는 좋았다. 나중에 할 수 있는 일이 많으니 ‘그중 하나는 되겠지.’라는 마음도 있었다. 하지만 날이 갈수록 본격적으로, 구체적인 방법으로 꿈을 향해 나아가고 있는 친구들이 보이기 시작했다.

그리고 항상 선택의 갈림길 앞에서 갈팡질팡하며 주저하고 있는 나의 모습도 발견했다.

생각해 보니 하고 싶은 게 많았던 것이 아니라 내가 진짜 좋아하는 것, 하고 싶어 하는 것이 무엇인지 진지하게 생각해 본 적이 없었다. 그리고 하고 싶어 하는 일을 남에게 말하기에는 내가 아직 많이 부족해보였다.

그렇게 방황만, 제자리걸음만 했을 때 우연히 배우의꿈 5기 모집 포스터를 보게 되었고 내가 좋아하는 것들을 한 번에 할 수 있는 뮤지컬이 너무 하고 싶었다.

첫 번째 서류전형 오디션의 합격 여부가 발표되기 전 부모님과 선생님께 나는 배우가 하고 싶다고 말씀 드린 적이 있다. 사실 응원보다는 걱정이 커보였고, 실제로 그랬다. 그리고 나에게 배우의 길은 그저 낯설었고 막막하고 어렵고 두려웠다.

배우의 길을 가려는 내 또래 친구들을 보면 경력도 화려하고 오래 전부터 준비해왔던 경우가 대다수였다. 하지만 나에게 경력이라고 할 만한 것은 태어나서 경험한 첫 오디션, 'EBS new 하니 오디션'이다.

올해 초에 처음으로 촬영했던 1분 정도 분량의 홍보영상이 전부였다. 게다가 나는 연기나 춤, 노래를 전문적으로 배운 적도 해본 적도 없는 하얀 도화지 같은 상태였다.

어느 것 하나 제대로 준비되어 있지 않아서 막막했다. 많은 생각 끝에 '결국 포기해야 하나?'라는 생각이 들었는데, 바로 이틀 후, 배우의꿈에서 1차 합격이라는 연락이 왔다. 사실 마음속으로는 너무 기뻤다. 내 꿈이고 내가 좋아서 지원했던 오디션이 맞다. 그러나 눈치가 보였다.

정확하게는 모르겠지만, 마음속에 너무 큰 두려움이 생겼는지, 티는 내지 않으셨지만 계속 보였던 주변 사람들의 걱정 때문인지도 모르겠다.

이곳에 가야 할지 말아야 할지 2차 오디션을 보기 바로 전 날까지 고민하게 됐다. 하지만 그날 많은 분들의 응원과 기도로 다음 날 나는 오디션을 보러 갈 수 있게 되었다. 그리고 최종 합격에 이르게 됐다.

사실 아직도 꿈만 같다. 배우의꿈 5기 최종 합격에 '미미'라는 큰 배역까지 맡게 된 것이. 공연 전까지 딱 35일이 남은 지금, 공연에 대한 생각 때문에 머리가 굉장히 복잡하고 이 모든 과정이 낯설고 어렵기만 한 것은 사실이다.

하지만 처음처럼 늘 설레는 마음은 처음과 똑같다. 그리고 부모님, 선생님, 친구들과 그 외에 나를 응원해주는 분들 덕분에 이 길을 갈 수 있는 것 같다. 항상 감사하게 생각하고 있다.

나에게 맡겨진 일을 내가 해내고 있다는 것을 느낄 때마다 행복하다. 이 꿈에 대한 확신을 가지고 나아간 첫 걸음이 배우의꿈 안에서 이루어졌다는 것이 너무나도 자랑스럽다.

이제부터 더욱 성장해서 더 큰 무대에 설 나를 기대하며 한 걸음 한 걸음을 걸어갈 것이다.

[뮤지컬 〈렌트〉 공연 장면]

누구든 꿈을 가질 수 있다

배 승 권

배우의꿈 5기 〈렌트〉 거지/건달 역

나는 꿈을 말하지 못했다. 말하지 못한 이유는 꿈이 없어서가 아니었다. 사람들이 나보고 꿈이 뭐냐고 물어볼 때 나는 부끄러워서 생각에도 없는 꿈을 말해버렸다. 왜냐하면 나의 꿈은 배우이기 때문이다.

다른 내 친구들은 다 꿈이 변호사, 검사, 판사, 의사, 선생님 등등 안정적으로 일할 수 있고, 그 정도 준비하는 데 경제적으로 지원해줄 여건이 되는 친구들도 많아 나와는 확연히 다르게 느껴졌다.

우리 집은 경제적으로 충분한 여건이 아니었고, 살아오는 동안 여러 가지 사건이 생겨서 조금 힘든 면이 있었다.

이러한 상황에서 어머니와 아버지는 "공부를 해서 좋은 곳에 취직하여 돈을 많이 벌어야 한다." "안정적인 직업을 가져야 한다." 이런 말씀만 하셨고 부모님께 살짝 나의 꿈에 대해서 말해 보았지만 부모님은 쓸데없는 꿈은 꾸지 말라고 하셨다. 그래서 속으로만 배우라는 꿈을 간직한 채 살아왔다.

한 학년이 올라갈 때마다 적은 나의 장래희망은 요리사였다. 어쩔 수 없었다. 키 작고 뚱뚱한 나는 사람들이 보기엔 요리사가 가장 잘 어울려 보였기 때문이다.

그러던 어느 날 문득, '내가 왜 이렇게 살고 있지? 당당하게 살자!'라는 생각이 들기 시작했다.

중학교 2학년 때 처음으로 당당하게 음악을 하고 싶다고 말할 수 있었고, 길을 가면서도 노래를 부르고, 남들 앞에서도 꺼리지 않고 노래할 수 있었다. 그러면서 가끔씩 '내가 잘하고 있는 건가?' 자문하기도 했다.

주변 사람들은 "니가 뭐 음악을 하냐?", "무슨 꿈을 요란하게 가지냐?", "적당히 생각하고, 공부나 해라." 이런 이야기를 많이 했다. 그때 나도 슬럼프라는 걸 경험했다.

'이 꿈을 갖고 성공할 수 있을까?', '이 꿈이 나에게 해준 게 뭐가 있지?', '이 꿈이 진정 내가 원하는 것인가?' 이런 생각과 동시에 다시 자신감을 잃고 말았다.

그러나 슬럼프도 잠시였다. 이 꿈이야말로 내가 가장 하고 싶은 거라는 걸 깨달은 이후 조금 더 다져지게 되었다. 고등학교 1학년 때는 힙합부에 들어가 랩 가사를 쓰기도 했다. 정말 행복했다. 내가 정말 하고 싶은 것을 할 수 있다는 것에 세상을 다 가진 기분이었다.

나랑 꿈이 비슷한 친구가 있다. 그 친구는 정말 대단했다. 사람들 앞에 잘 나서는 것이 나에겐 정말 대단해보였다.

중학교 2학년 때 같은 반이었는데 고등학교 2학년인 지금도 같은 반이다. 작년에 학교에 '배우의꿈' 공지가 올라와서 그 친구가 같이 하자고 했는데, 난 신청기간을 놓쳐서 못했다. 그 친구는 오디션에 합격해 4기 때 〈헤어스프레이〉 공연을 무사히 멋지게 올렸다.

난 솔직히 후회했다. 빨리 신청하지 못해 후회하고 있었는데, 그 친구가 이번에 5기가 시작한다고 하면서 신청해 보라고 추천해 주었다.

난 이 기회를 꼭 붙잡고 싶어 신청했고, 지금 이렇게 최종 합격하여 배우의꿈 5기 작품인 〈렌트〉를 열심히 준비하고 있다.

그 친구가 아니었으면 난 이런 기회를 잡지도 못했을 것이다. 그 친구가 없었으면 혼자 견디지 못했을 수도 있다. 그 친구와 함께했기 때문에 여기까지 온 것 같다. 말로 설명할 수 없을 만큼 고맙다.

그 친구는 4기 때 윌버 역과 5기 때 주연배우인 마크를 맡은 이신환이다. 다시 한번 강조하자면 이 친구가 아니었으면 난 여기까지 오지 못했을 것이고 이 꿈을 포기할 수도 있었다. 이 꿈을 끝까지 가질 수 있게 해준 이 친구에게 고맙다는 말을 전하고 싶다.

[뮤지컬 〈렌트〉 공연 장면]

나의 힘

문 미 소
배우의꿈 5기 <렌트> 종업원/거지 역

어린 시절의 나는 모든 어른들의 사랑과 관심을 받으며 자란 아이였다.

무언가에 뛰어난 재능을 보이지는 않았지만 모든 것을 배우길 즐겼으며 그것을 다른 사람들에게 보이기 좋아했다. 친척들이 모인 자리에서 항상 무언가를 보여주었기 때문일까, 집안에서도 나에게 많은 기대를 가졌다.

집안 사정으로 나는 할머니 댁에서 자라게 되었지만, 나를 아껴주는 가족들 덕분에 많은 배움의 기회 속에 자라왔다. 어린 나는 그저 그게 당연한 일인 줄 알고 여러 악기를 배우며 음악에 대한 꿈을 키워갔지만 집안에서 내게 원하던 모습은 공부로 얻게 되는 안정적인 직업이었다.

중학교에 다닐 때만 하더라도 최상위권의 성적을 유지하던 나에게 향하는 기대는 커져갔고, 그때까지만 하더라도 나에게는 의사의 꿈이 있었다. 부모님과의 의견조정으로 밴드부에 가입해서 활동하는 것만이 유일하게 내가 음악을 접할 수 있는 기회였다. 여유롭지 않은 집안 사정 가운데에서는 내 꿈을 접어두는 방법밖엔 별 수가 없었다.

그렇게 고등학교에 진학하고, 선배들의 권유로 연극부에 가입하게 되었다.

연극부 활동을 하면서도 밴드 활동은 계속되었고 소극장에서 연극 공연을, 예술회관에서는 보컬로서 밴드 공연을 했으며 학교 축제에서도 연극과 노래를 보여주었다. 많은 친구들이 나를 응원해 주었다.

친구들과 선생님들 사이의 관심과 응원에 어느새 나는 한 사람의 가수이자 배우가 되어 있었다.

뮤지컬에 관심을 가지게 된 것은 학교 수학여행에서 본 〈레미제라블〉과 이후 연극 동아리에서 보러 간 〈몬테크리스토〉 이후였다. 내가 가장 좋아하던 음악과 연기를 함께할 수 있다는 점이 너무나도 매력적으로 느껴졌다.

여유가 없던 집안 사정으로 나는 아르바이트를 해서 레슨을 받았고, 배우의꿈 오디션을 보게 되었다.

처음에는 내가 절대 할 수 없으리라 여기시던 할머니와 할아버지께서도 조금씩 마음의 문을 열기 시작하시는 것 같았고, 나를 걱정하면서도 응원해주시는 할머니에게 꼭 멋진 모습을 보여드리리라 다짐했다.

뮤지컬을 알게 된 지 오래 되지 않아 들뜬 마음으로 급히 준비한 오디션이었지만, 나름 열심히 준비한 만큼 나온 결과에 기뻤다. 뮤지컬을 잘 모르는 주위 친구들과는 다르게 서울에서 만난 친구들은 내 이야기를 들어주었고 궁금증을 채워주었다.

내가 잘 적응할 수 있을지 걱정하던 것도 기우에 불과했다. 친구들은 다정했고 선생님들께서도 친절했으며 가끔 꾸짖는 말씀에서도 따뜻한 마음이 느껴지는 것 같았다.

걱정했던 타지의 생활에도 금세 적응했고, 아르바이트로 모아 둔 돈과 아버지에게 받는 용돈으로 무사히 공연준비를 할 수 있었다.

예전에는 전혀 상상할 수 없던 모습이 되어 있는 나에게 뿌듯했다. 내 진짜 꿈을 이루기 위한, 내 힘으로 일부분을 채운 첫 시도의 긍정적인 과정에 앞으로의 과정도 모두 잘 해낼 수 있을 것 같단 생각이 든다.

[뮤지컬 〈렌트〉 공연 장면]

배우라는 꿈의 진행

이 다 빈
배우의꿈 5기 〈렌트〉 거지/건달 역

나는 초등학교 때 태권도라는 운동을 시작해서 각종 겨루기 대회에서 입상하기도 하고 중학교에서 스카우트 제의까지 받았다. 지금 내가 다니고 있는 학교가 바로 나에게 스카우트를 제의했던 학교다.

하지만 운동선수 생활이 나에겐 맞는 않는 것 같아서 중학교 생활 1년 만에 운동선수를 그만두게 되었다. 그리고 그렇게 나의 꿈을 찾아서 여러 가지 시도를 하던 중 〈동네변호사 조들호〉라는 드라마를 보게 되었다.

이 드라마에 내용은 제목 그대로 동네변호사인 조들호라는 인물이 돈이 없고 약자들을 위해 법정에 서서 법을 통하여 위기의 인물들을 도와주는 이야기다. 나는 이 드라마의 주인공 조들호라는 역할을 맡으신 박신양 배우를 보고 배우의 꿈을 가지게 되었다. 내가 새로운 꿈을 가지게 된 계기다.
처음 박신양 배우를 접한 나는 아주 큰 충격을 받았다. 진짜 나의 혼까지 빨아들일 정도로 강렬했고 인상이 깊었다. 나도 나중에 꼭 박신양 배우 같은 사람이 되고 싶었다. 그래서 일단 배우라는 직업에 대해 알아보고 각종 연기에 관한 프로그램, 대본, 호흡법, 표정연기 등 지금 당장 할 수 있는 일을 찾아보고, 나를 더욱 발전시키기 위해서 드라마를 자세히 집중해서 보면서 이럴 땐 어떤 식의 제스처를 하면서 반응하는지 열심히 연구했다.
그렇게 1년이 지나고 벌써 중학교 3학년이 되었다. 중학교에서 남은 생활은 1년밖에 없다는 생각에 어떤 것이라도 좋으니까 도전해 보고 싶었다.
그래서 올해 들어 오디션 정보 앱을 다운받아 무슨 오디션이 있는지 찾던 중 배우의꿈이라는 프로젝트를 알게 되었다.
처음엔 많이도 망설였다. 그러나 '그래! 이번이 처음인데 경험이라도 쌓으러 나가자.'라는 마음으로 배우의꿈 오디션에 지원하게 되었다. 1차 오디션 당일 긴장된 마음에 돌아서고 싶기도 했지만, 내가 저질러 놓은 일은 내가 처리해야 한다는 생각에 오디션장까지 들어갔다.
그리고 1차를 보고 며칠 뒤 합격 소식이 왔고, 또 얼마 후에 2차 워크숍 오디션을 보러 가서 2차 오디션까지 붙었다.
진짜 의외였다. '내가 어떻게 여기 붙었지?'라는 생각을 한참 갖고 있었다. 첫 시도가 이렇게 좋으니 나 역시 기분이 좋을 수밖에 없었다.
게다가 약 400명 중에서 내가 무대에 오를 수 있는 주인공이 되었단 사실이 한참 동안 믿기지 않을 정도였다. 하지만 다른 한 면으로는 내가 맡은 일에 책임을 가져야 한다는 사실이 상당히 부담스러웠고 두려웠다. 진짜 내가 이 배우의꿈 5기 프로젝트에 참여하게 된 이상 남들에게 피해가지 않게 조심하고자 한다. 첫 단추를 잘 꿴 만큼이나 더욱 열심히 노력하고자 다짐하게 된다.
진짜 사람은 마음을 어떻게 먹는지에 따라 사람의 능력이 달라지는 것 같다.

될 일도 안 된다 하면 안 되는 것처럼 말이다. 나는 이 배우의꿈 5기가 끝나더라도 영원히 잊지 못할 추억이 될 것 같다.

배우의꿈은 진짜 좋은 프로젝트다. 나의 꿈에 한 걸음 더 도와준 계단 같은 존재다. 아직 배우의꿈 5기가 끝나게 되면 나의 꿈은 조금이나마 더 명확해질 것이다. 배우의꿈 식구들과 함께 좋은 공연을 올리고 나의 꿈에 대해 더 생각해보는 계기가 된 것 같아 좋았다.

앞으로 배우의꿈 5기가 끝난 후 난 뭐하고 있을지 정말 궁금하다. 배우라는 꿈을 포기할 것인지 계속 이끌어 나갈 것인지 내가 무슨 선택을 하더라도 후회 없는 선택을 좀 하면 좋을 것 같다.

지금 나에게 꿈은 여전히 배우다. 시간이 흘러도 나는 배우의 꿈을 포기하지 않으려고 한다. 끝까지 물고 늘어질 것이다. 아무리 힘들어도 포기하지 않고 열심히 달려서 원하는 꿈을 이루길 바라는 마음뿐이다.

가끔씩 '내가 가던 길을 포기하고 이 길을 온 게 정답일까?' 하는 생각이 들지만 이미 다른 길에 들어섰으니 그 길 안에서라도 열심히 하고자 한다.

앞으로는 나의 실력을 갈고 닦아 더욱더 좋아진 모습으로 무대에 오르고 싶다. 그러려면 더 연습하고 노력해야겠다. 배우의 꿈을 가진 분들 다 같이 파이팅합시다!

꿈이란 내 인생의 시작점이다

임 제 혁
배우의꿈 5기 〈렌트〉 스티브/경찰 역

내가 배우라는 꿈을 꾸게 된 이후 첫 작품이 〈렌트〉가 되어 정말 기쁘다. 처음 시작하는 작품으로 손색없는 프로젝트에 참여하게 돼서 정말 후회 없이 열심히 하는 것 같다. 이번 배우의꿈 프로젝트를 통해 많은 걸 배웠다.

첫째, 1차 2차 합격으로 안일하게 생각했던 나는 연습을 잘 안 했다. 그 덕에 배역 오디션 때 완전 망쳤다. 그때 끝날 때까지 끝난 게 아니라는 걸 절실히 느꼈다.

둘째, 노력해선 안 될 게 없다는 것이다. 정말 음정이라곤 하나도 못 맞추던 내가 친구들과 화음도 쌓아보고 노래도 하면서 음정을 알아가게 되었다. 아마 배우의꿈에 합격하게 된 게 나에겐 가장 큰 터닝포인트가 될 것 같다. 앞으로도 어떤 일이든 포기하지 않고 끝까지 하게 만들어주는 원동력이 될 것이다.

내가 배우의 꿈을 꾸고 여러 소리를 들으면서 '아, 내가 각오했던 것과 같구나. 아니 더 가혹할 수도 있겠구나.' 생각하게 되었다. 그 이유 때문인지는 모르겠지만 난 오히려 더 고통 받고 힘들었으면 좋겠다. 차라리 내 몸이 힘들어도 무리해서라도 쉬지 않고 끊임없이 작품을 이어가고 싶었다. 나 자신에게 무서웠기 때문이다. 혹여나 내가 또 쉽게 포기할까, 한 번 쉬면 계속 쉬게 될까, 염려되었다. 당근보다 채찍이 낫고, 쉬는 것보다 무리해서 작품하는 게 가장 좋은 것 같다.

그러나 연습을 하려고 해도 뭐부터 해야 할지 몰라 혼자 앓기도 한다. 이번 〈렌트〉 같은 경우에 더욱 느꼈다. 뮤지컬에 대해 아는 거 하나 없이 시작해서 하나부터 열까지 생소했다. 처음부터 알아가는 입장이니 남들보다 더 많은 시간을 필요로 한다. 그래도 이제는 도와주시는 분들도 많고, 친구들도 옆에서 연습할 내용을 잘 알려주고 있다.

내가 여기 오게 된 이유도 있겠다. 이번 오디션은 담임 선생님을 통해 알게 되었다. 담임 선생님이 연극부담당 선생님이시면서 연출을 하셨던 분이어서 내게 오디션을 보라고 조언해주셨다. 정말 선생님이 안 알려주셨다면 난 지금 이 작품에 함께 못 했을 것이다. 진심으로 선생님께 감사하고 있다.

실은 오디션장에 오기 전까지만 해도 뮤지컬인 줄 몰랐다. 연극 같은 느낌이라 생각했는데 와서 보니 뮤지컬이었다. 그래도 선택에는 후회 없다. 오히려 더 감사하게 되었다. 내가 아마 연극만 했더라면 더욱 노력하거나 각오하는 일도 없었을 것이다.

내가 앞으로 살아가면서 배우라는 직업을 꿈꾸면서 절대 잊지 못할 선택일 것 같다. 처음 오디션 때는 그저 서울구경 삼아 온 것이었는데, 1차에 2차까지 합격하고 배역오디션까지 하면서 부족함을 많이 느꼈다. 남들보다 얼마나 뒤처져 있는지, 얼마나 더 노력해야 하는지 실감하게 되었다. 하차 고민도 많이 했지만, 하지 않은 이유다. 차라리 내 부족함에 절망을 느끼지 말고 그걸 바꿔서 노력하고자 마음 먹었다. 그게 내가 지금 여기 온 이유,

여기 남아있는 이유 같다.

지금 이 글을 쓰면서 엄청 많은 생각을 하고 있다. 처음의 내 모습, 시작할 때 모습, 오디션장에 서 있는 그 모습, 그 감정, 이 모든 걸 생각해보니 더욱 내가 배우가 되고 싶어지는 것 같다. 정말 아무리 좋아하는 일도 끝까지 해본 적 없는 학생이 이번에 처음으로 부족함을 느껴도, 절망적이어도 끝까지 해가는 것 같아서다. 이 마음 꼭 끝까지 가지고 내가 나중에 목표치를 이룰 때까지 간직하고 싶다.

가장 듣고 싶은 말은 하나 있다. "저 친구 노력 많이 했구나." 다. 서울에서 다니면서 처음엔 택시를 타고 이동했다. 근데 택시 기사 분께서 나에게 꿈을 물으셔서 배우라고 말씀드렸고, 지금 가는 곳도 트레이닝센터라고 말씀드렸다. 그분이 저에게 이렇게 말씀하셨다. "딴따라네 돈 많아? 한국에선 돈 없으면 힘들지. 학연 지연 혈연 때문이야 이게." 이렇게 말씀하셨다. 그래서 보여드리고 싶었다. 노력으로 성공할 수 있다는 걸. 물론 돈이 엄청난 영향력이 있을 것이다. 하지만 그렇다고 내가 20대일 때 노력으로 사람을 평가하는 시대가 오지 말란 법은 없다. 정말 아무것도 없는 내가 노력 하나로 성공하고 싶었다. 앞으로도 더 열심히 노력할 것이다.

마지막으로 나에게 배우의 꿈을 가지게 해준 모든 경험, 과정, 그리고 도움을 주신 학교선생님 학원선생님 엄마 친구 배우의꿈 선생님들 모두 감사를 드린다. 잊지 못할 것 같다. 배우의꿈 친구들 모두 좋은 무대를 만들고, 다 같이 후회 없는 마음으로 무대 아래에서 보게 되기를 바란다.

배우라는 꿈의 길을 걷는다는 건?

정 회 제
배우의꿈 5기 〈렌트〉 조앤아빠/폴/스퀴지맨 역

나는 평소에 배우라는 직업을 말로만 듣고, 막연히 꿈꿔 왔는데, 이번에 좋은 프로젝트에 참여할 수 있게 되어 감사하다. 사실 처음 신청할 때, 망설이며 고민했지만, 가족들의 응원에 지원 마감 30분 전에 지원서를 내었고, 결국 통과되어서 이 자리까지 오게 됐다.

지원서를 내고 나서 3일 후 1차 오디션이 있었는데, 솔직히 준비를 하나도 안 하고 있다가 오디션 당일이 되니 멘붕이 와서 집에 가자마자 바쁘게 준비하게 되었다. 노트북을 켜고 '내가 과연 뭘 할 수 있을까?' 생각하며 자료를 찾아보았다.

첫 오디션이기 때문에 긴장되었다. '뭘 어떻게 준비해야 하나?' '어떻게 하면 잘할 수 있을까?' 하나하나 찾아보면서 고민하면서 준비해 보았다. 검색하면서 작년 4기 배우들의 이야기를 들어보았는데, 조금씩 오디션 준비에 다가갈 수 있게 된 것 같다.
드디어 첫 오디션이 시작되는 순간! 배우의꿈트레이닝센터에 들어가는 순간 솔직히 너무 긴장되고 너무 떨려서 순간적으로 다시 돌아서고 싶은 생각이 들었지만 그래도 이왕 온 김에 한번 모든 것을 보여주고 가자는 마음을 먹고 내 순서를 기다렸다.
많이 긴장되고 초조한 시간이었는데, 그때 만난 배우의꿈 스태프 분들이 긴장도 풀어주시고 이야기도 함께 해주셨다. 지금 생각하면 정말 감사드린다고 말씀 드리고 싶다. 그렇게 이야기를 하다 보니 드디어 나의 차례가 되었다.
일단 자기소개를 하며 '내가 준비한 만큼 보여주자!', '자신감 있는 모습 보여주자!', '젊은 피의 힘을 보여주자!', '한번뿐인 이 순간을 즐겨보자!'라는 생각을 가지고 오디션에 임했는데, 매우 아쉬웠다. 준비를 많이 하지 못해 1차 오디션이 가장 후회스러웠고, 아쉬운 마음을 달래며 학교생활을 하고 있었다.
그러던 중 합격자 당일, 기대하지 않고 있었는데, 합격자 명단에 내 이름이 올라 있었다.
깜짝 놀랐다. 어떻게 이런 일이 일어나다니! 분명, 하늘이 주신 기회라고 생각했다.
그리고 이왕 합격되었으니 정말 열심히 하고자 마음먹었다. 다시는 찾아오지 않을 것 같은 기회였기 때문이다.
이후 안무 수업을 받으면서 생각보다 힘들지는 않았고, 오히려 재미있었다. 두 시간씩 트레이닝을 하면서 전혀 쓰지 않았던 근육을 사용하면서 육체적으로는 힘들었지만, 마치고 날 때의 시원함이 있었고, 매일 그 느낌이 아주 좋게 다가왔다.
이후 진지하게 최선을 다해 수업에 임하면서 내 몸이 바뀌어가는 게 느껴졌다.
수업을 받으며 매우 즐거웠고, 성취감도 느끼면서 내 적성에 맞는다고 생각하게 되었다. 이 길이 정말 나에게 맞는 길인지, 한 번 더 생각하면서 지금도 노력하고 있다.
물론 힘들도 지칠 때도 있지만, 최선을 다해 극복하는 자세가 배우의 필수적인 요건이라 생각한다.

앞으로 공연까지 남은 1달 동안 나의 인생에 첫 무대인 만큼 후회 없이 최선을 다해 배운 만큼 모든 것을 그 무대 위에서 후회 없이 펼치고 오고 싶다.

선생님과 함께 있는 순간순간 항상 열심히 해야 하고 집중하고 노력하고 연습하고, 남은 시간 파이팅해서 좋은 공연을 올릴 수 있으면 더할 나위없이 행복할 것 같다.

"주연 같은 조연이 되기 위해 최선을 다하자!"

내가 만든 문구다. 조연이더라도 그 자리에서 최선을 다하면 주연만큼의 에너지가 있는 조연이 되리라 생각한다.

서재경 선생님이 말씀하셨다.

"작은 배역 큰 배역은 있더라도 작은 배우 큰 배우는 없다."

이제 진짜 시작이다. 언제나 최선을 다하자. 배우로서 수업을 받는 그 순간만큼은 진지하게 임하자.

이번 배우의꿈 5기를 통해 한층 더 성장하며 그렇게 나의 꿈에 다가갈 수 있는 회제가 되고자 한다.

[뮤지컬 〈렌트〉 공연 장면]

평화를 위해 노력하는 배우

조 영 종
배우의꿈 5기 〈렌트〉 엔젤 역

내 꿈은 세계 평화를 이루는 것이다. 나는 되도록 꿈과 장래희망을 구분하여 이야기하려 한다. 나에게 장래희망이 무엇인지 묻는다면, 나는 평화를 위해 노력하는 배우라고 대답할 것이다. 평소 차별이나 전쟁 등 비평화적인 것의 상처에 대해 알게 될 때면 너무나 안타까웠다. 나는 이러한 아픔을 없애기 위해 노력하고, 실제로 그것을 이루어내는 사람이 되고 싶었다. 이게 바로 내 꿈이다.

나의 꿈이 무엇인지 알게 된 이후로는 '어떻게'를 고민하기 시작하였다. 꿈을 이루기 위한 과정은 내 생각대로 쉽게 발견되지 않았고, 나와 연관되어 있는 것에서, 거창하지 않은 것부터 찾아내려고 노력했다.

처음에는 단순히 평화에 관한 책을 쓰거나, 그림을 그려내는 것만이 할 수 있는 일인 것 같았다. 이게 내가 할 수 있는 최선의 방법이라고 생각했다. 하지만 다시 한번 생각해보았다. “나만이 할 수 있는 무언가는 없을까?”, “남들과는 다르게 내 목표를 이뤄낼 수 있는 방법이 분명히 있지 않을까?”

점점 다른 방향으로 생각을 넓혀갔다. 그렇게 ‘연극’에 눈을 떴다. 평면적으로 보일 수밖에 없던 내 이야기를 내가 직접 표현해냄으로써 정확하게 전달할 수 있던 것이 연극이다. 직접 대본을 작성하고, 그로써 내가 전달하고자 하는 메시지를 담는다는 것이 나에게는 너무나도 흥미로웠다.

사실 그 전까지 나는 이 모든 것을 ‘화가’라는 직업을 통해 이루고 싶었다. 어릴 적부터 굉장히 관심 있게 지켜봐왔고 정말 자신 있었던 분야였고, 모든 것을 예술적으로 표현해내면서 많은 사람에게 감동과 깨달음을 주고 싶었다.

하지만 앞서 얘기했듯이 그림에는 한계가 있다. 나는 내 이야기를 듣는 관객과 직접 소통을 하는 것이 꿈을 이루기 위한 더 큰 발판이 될 것이라 생각했다.

나는 이렇게 내 꿈에 도달하기 위한 과정을 ‘배우’라는 직업으로 완성해냈다.

배우의꿈 프로젝트를 통해 꿈의 시작을 만족스럽게 했다. 이번에 공연하게 된 뮤지컬 〈렌트〉는 성소수자, 에이즈, 마약 등 사회의 민감한 부분들을 다루고 있다. 그럼에도 불구하고 결국은 사랑과 삶에 대해 이야기 해주는 〈렌트〉. 이 프로젝트가 꿈의 시작으로 적합했던 이유는 이 작품이 내가 이루고자 했던 이상에 가깝기 때문이다.

나는 분명히 이 작품이 사람들의 인식과 차별을 바꾸는 데에 큰 역할을 할 것이고, 내가 원하는 평화에도 굉장한 기여를 할 것이라고 믿는다.

사실 아직까지 꿈을 이루려는 많은 노력을 하지는 못했다. 꿈을 이루기 위한 과정에 많은 시간을 투자했고, 그 과정을 모두 결정한 것도 그리 오래되지 않았다.

아직까지도 확신은 없다. 내가 꿈을 이룰 수 있을지, 꿈을 이루려는 과정이 잘못되지는 않았는지, 정확한 건 아무것도 없다. 다만 확신을 가지지 못했다고 해서 포기하지는 말자. 세상에는 확신할 수 없는 것들이 대부분이니까.

또 한 가지 말하고 싶은 부분이 있다면, 나 자신에 대한 불안감을 꿈을 통해 극복시킬 수 있다는 것이다. 나는 외모 콤플렉스를 가지고 있었는데, 사람들과 얼굴을 마주하거나 거울을 보는 것까지도 힘들 만큼 정도가 심했다.

그렇게 쌓여있던 스트레스를 노래나 춤, 연기로 풀었고, 공연에 올랐을 때에는 관객들의 함성소리가 완전히 나를 극복하게 해주었다. 이것이 내 인생을 뒤바꾼 계기가 되었다. 그리고 꿈의 원동력을 배우로 결정하게 된 계기였다.

꿈은 그리 거창한 것이 아니다. 나 자신에게 영향을 줄 수 있는 무언가를 목표로 세웠다면 그게 멋진 꿈 아닐까?

대단하고 화려한 것만이 꿈이 아니다. 작은 진주알이 꿰어져 진주목걸이가 되는 것처럼, 작고 소박한 소망들이 조용히 모여 이뤄지는 것 역시 아름다운 꿈 아닐까?

[뮤지컬 〈렌트〉 공연 장면]

Part 2.
꿈이 있기에
그 어떤 좌절도 이겨낼 수 있다

배우에서 연출까지

이혜진
배우의꿈 4기 〈헤어스프레이〉 프루디/스프리쳐회장 역
배우의꿈 2016 워크숍 〈록산느를 위한 발라드〉 연출

과장을 조금 섞어 말하자면 내가 제대로 생각이란 걸 할 수 있을 때부터 푹 빠져 있던 건 연극이었다. 엄마 손을 꼭 잡고 어린이 연극을 본 7살의 나는 연극의 매력에 푹 빠지고 말았다.

동네 문화센터의 그 작은 무대에서는 막이 오르기 전엔 나무색 바닥과 붉은 막, 노란 조명이 무대를 기대감으로 달구고 연극이 시작되면 그곳은 온갖 색으로 가득 찬 환상적인 공간으로 변신했다. 어쩜 이런 게 있을 수 있지? 이렇게까지 내 정신을 확 잡아채서 뒤흔든 건 연극이 처음이었다.

그때부터 나는 어느 다른 예술보다도 연극을 사랑하게 되었다. 이렇게 시작된 연극에 대한 사랑은 초등학교, 중학교 내내 매년 빠짐없이 연극과 관련된 활동을 하게 만들었다. 그렇게 뜨거워

져만 가는 내 열정은 '배우'라는 꿈을 꾸게 만들었다.

하나의 역할을 가지고 무대에 서서 그 역할을 관객에게 보여준다. 내 생각 속에서는 이만큼 황홀하고 멋진 일은 없었다.

그렇게 배우의 꿈을 키워나가던 중 '배우의꿈'을 만나게 되었다. 그때는 마냥 무대에 서는 것이 좋아 지원했던 것이지만 나의 얇은 생각과 다르게 배우의꿈 프로젝트는 나에게 인생의 전환점을 가져주었다.

배우의꿈 4기 공연인 〈헤어스프레이〉를 준비하면서 굉장히 즐거웠다. 정말 '배우'로서 자기 역할을 끊임없이 분석하고 창조해서 다른 배우들과 하나의 완성작을 만들어내는 이 모든 순간들이 너무나 값진 경험이었다.

한번은 이런 때도 있었다. 연습 후반부로 들어갔을 때 우리 모두에게 정체기간이 생겼다. 인물에 대한 해석이 더 나오지 않는 경우도 있었고 지금 보여주고 있는 모습이 과연 정답인지, 다른 것은 없는지 등 의문들이 계속해서 떠올라서 쉽게 좌절감이 찾아오는 그런 시기였다.

그때 우리의 이런 모습을 목격하신 오현채 선생님께서 우리에게 한 가지 제안을 하셨다. 그것은 처음부터 끝까지 정해진 큐를 지켜 연습하되 우리가 생각하는 대로, 하고 싶은 대로 인물을 연기하면서 연습해보자는 꽤나 파격적인 제안이었다.

오전 정규 연습이 다 끝났을 때였고, 우리는 모두 정체구간에 지쳐 있었기 때문에 망설임 없이 받아들였다.

그리고 한 장면마다 우리가 시도해보고 싶은 것을 상대 역할 배우와 상의해 즉흥적으로 연기하기도 하고, 혼자 실험해보고 싶은 것을 선보이기도 했다.

이 즉흥적인 연기를 통해 기존의 인물들과는 사뭇 다른 모습의 인물들이 작품 속에서 각자 나름의 방식으로 살아있었고, 우리는 그것을 포착해 그동안 막혔던 부분들에 대한 해답을 찾아낼 수 있었다. 헤어스프레이를 준비하면서 모든 순간을 깊이 기억하지만 이 순간은 정말 평생 잊히지 않을 것 같다.

나는 이때부터 배우를 이끌어내는 사람의 시선이 궁금해지기 시작했다. 자연스럽게 나의 시선은 모든 연습을 이끄는 연출 선생님에게 꽂혔다.

저 자리에서는 무엇을 봐야할까? 배우들의 질문에 어떻게 답을 해야 할까? 조명이나 음향은 어떻게 상상할까?

나의 꼬리를 무는 궁금증을 풀기 위해 나는 따로 자유 연습을 할 때 연출 선생님이 앉는 자리에 가서 앉아 연습하는 모습을 지켜보기도 했다. 하지만 아직 그때는 배우라는 내 역할에 더 사랑이 가득했다.

그러나 공연을 잘 마무리 하고 다시 일상으로 돌아와 내 진로를 정해야 할 때, 나는 고민에 부딪혔다. 무엇보다 큰 고민은 '과연 내가 배우가 맞을까?' 하는 근본적인 고민이었다. 공연 연습을 하면서 즐겁고 행복한 시간이 많았다.

그러나 분명 나의 한계들이 드러나는 순간이 있었고, 정말 배우가 되려면 필요한 것들이 무엇인지 느낄 수 있었다. 냉정하게 평가해서 나에게 그런 요소들이 많이 갖춰져 있는 것 같지 않았다. 그렇다고 연극을 떠나고 싶진 않았다. 나는 여전히 무대를 사랑했고 그곳에서 무엇인가 역할을 하고 싶었다.

인생일대의 고민 끝에 다다른 생각은 '무대에 서지 못한다면, 무대를 내 손으로 만들어 보는 건 어때?'였다. 그 길로 나는 연출 공부를 하기로 마음먹었다. 주변에선 급하게 결정한 것 아니냐고 걱정하기도 했지만, 나는 마음먹으면 곧장 실행에 옮기는 사람인지라 아무것도 하지 않고 있는 일분일초가 아까웠다.

그렇게 시작하게 된 연출 공부는 배우 훈련을 할 때와는 색다른 즐거움이 있었다. 연출은 연출만의 매력이 넘쳐흘렀고 나는 그 매력에 푹 빠질 수밖에 없었다.

지금도 역시 내 선택을 후회하지 않는다. 늦게 시작한 만큼 열심히 공부해서 언젠가 배우의꿈 프로젝트가 1n기가 되면 내가 연출을 해보자는 큰 야망도 품어본다.

꿈을 꾼다는 건

윤 영 진
배우의꿈 5기 〈렌트〉 마크 역

난 배우의꿈 5기 〈렌트〉에 객원 배우로 마크 역을 맡게 된 윤영진이다. 나는 약간 무식하다. 남들이 아니라는 것에 더 집착하는 편이다. 평범한 삶보다 영화 같은 삶을 꿈꾸는, 소위 말하는 반항아였다.

부모님은 중학생 시절까지 공부를 시키셨다. 마치 내가 꾸는 꿈은 다 공부로부터 시작해서 뻗어나가는 것처럼 말이다. 하지만 나는 반항을, 아니 반대를 했다.

학원이란 학원은 다 빼먹고, 학교도 제멋대로 빠지고, 그저 내가 하고 싶은 것만 해왔다.

그러다가 고등학교 시절, 친구와 함께 연극반에 들어가게 됐고, 나는 내가 남들과 다른 삶을 사는 것에 기쁜 나머지 배우가 되고 싶어하는 것처럼 부모님께 연기를 하고 싶다고 말씀드렸다. 어머니는 아직도 이 사실을 잘 모르실 거다.

그런데 생각해 보면, 진지하게 뭔가 하고 싶다고 말했던 건 이게 처음이었다. 하지만 연극반 생활은 너무 힘들었다. 매번 그만두고 싶었다. 매일 아침 발성연습과 신체 훈련을 받았다. 이러한 훈련에서 빠지면 연극반에서 나가라는 말을 들었다. 학교를 빠지면 연극반 훈련도 빠지게 되니 학교도 꾸준히 다니게 되었다.

심지어 성적 관리도 됐다. 성적이 오르지 않으면 연극반에서 퇴출당하기 때문이다. 많은 스트레스를 받았다. 공연이라도 재밌어야 했는데, 이게 가장 힘들었다.

남자 고등학교였던 학교는 당시 뚱뚱했던 나에게 아줌마나 우스꽝스러운 분장을 하게 했다. 그저 관객에게 재미를 주기 위해 연기를 했던 것 같다. 나는 친구들의 놀림감이었다. 그래서 연극반에서 나가고 싶었다. 하지만 그렇게 되면 남들과 똑같이 지는 게 싫어 버티게 되었다.

배우는 사실 이룰 수 없는 꿈이라 생각했다. 나와는 잘 어울리지 않는다고 생각했다. 그렇게 2년이라는 시간이 흘러서 고등학교 3학년이 됐다.

그때 처음 연극반에서 나갔다. 선생님과 갈등이 있었고, 나와 맞지 않는다는 변함없는 생각 때문이었다. 그런데 일주일 뒤 나는 이상하게도 눈물을 펑펑 흘리면서 연기가 하고 싶다고 다시 들어가게 해달라고 했다.

이후 다이어트도 하고, 재수에 삼수까지 하며 대학에 진학해서 연기 전공을 하고 있다. 그렇게 하기 싫어하던 내가 어떻게 이렇게 됐을까?

나는 늘 배우가 되지 못할 거라는 생각을 했다. 배우가 되길 원하면서도 나는 안 될 거라는 생각에 그 꿈을 늘 숨겨왔다. 하지만 이제 '한번 해볼까?'라는 마음 하나로부터 시작해서 이렇게 당당하게 꿈을 이루기 위해 달려가게 되었다.

사실 나는 배우라는 꿈을 갖기 전에 그저 특별해 지는 게 꿈이었다. 평범함을 추구하는 건 정말 싫었다. 영화 같은 삶을 살고 싶어 했던 꿈에서 시작한 나의 작은 행동들이 어느덧 정말 영화에 등장할 수 있는 사람을 만들고 있는 것 같다.

꿈이라는 건 작지만 크고, 정말 강한 힘을 갖고 있는 것 같다. 그래서 꿈을 꾸기만 하는 사람들에게 늘 시도해 보라고 말해주고 싶다. 정말 나처럼 시도만 했더니 점점 가까워지듯, 포기하지 말고 작은 꿈을 이루기 위해 달려보라고 말해주고 싶다.

꿈을 꿀 수 있다는 건 정말 행복한 일이다. 하지만 그 꿈을 향해 한 발짝 더 다가가기 위해 노력한다면 어느덧 꿈을 꾸던 나의 모습에서 이룰 수 있는 나의 모습을 보게 될 것이다.

이 모습을 보는 순간 정말 그 어느 때보다 행복할 것이다. 함께 도전해 보자.

[뮤지컬 〈렌트〉 공연 장면]

와신상담

지 승 민
배우의꿈 5기 〈렌트〉 로저 역
배우의꿈 3기 〈페임〉 타이론 잭슨 역
배우의꿈 2기 〈헬로, 돌리!〉 앙상블

'와신상담'이란 원수를 갚기 위해 온갖 괴로움을 참고 견디는 것을 뜻하는 말이다.

사실 원수라고 지칭하기에는 내 꿈과는 거리가 멀지만 어쩌면 나의 동기 부여에 큰 원동력이 된 사자성어다.

나는 무언가를 이루고 노력하고 강한 의지를 내보이기에는 반드시 큰 자극이 될 만한 동기부여가 있어야 된다고 생각한다. 나의 꿈, 나의 꿈은 배우다.

결코 쉽지 않고, 이루어지더라도 끊임없이 싸우고 살아남아야 하는 직업을 택했다.

내가 나이가 들어서 지금 우리 아버지 나이 정도 됐을 무렵 나는 배우가 아닐지도 모른다. 어쩌면 그게 내 주변 지인들에게 더 좋은 영향을 끼칠 수도 있고 지극히 정상적일 수도 있다는 생각이 든다. 하지만 난 배우라는 것에 관심을 갖고 공부하며 내 자신을 더 사랑할 수 있었고 내 자신을 더 알아갈 수 있었다.

나는 행복했다. 나만 세상에서 가장 행복한 줄 알았다. 가장 좋아하고 잘할 수 있다고 자부하는 내 모습을 부모님께서 보시면 흐뭇한 표정으로 "우리 아들 파이팅! 항상 응원할게!"라고 긍정적인 말들을 아낌없이 해주신다.

우리 엄마, 우리 아빠 두 분 모두 마음 한 구석에 꿈들이 자리잡고 있었을 텐데 지금은 원치 않을 일들을 하고 계실지도 모른다. 그래서 내 꿈을 존중하고 지원해 주실지도 모르는 거라고 애잔하게 느껴진다.

나는 내 꿈을 사랑하기 전에 나 자신을 사랑하는 자기애가 뛰어난 캐릭터다.

나는 뭐든지 할 수 있다고 생각하고 욕심도 많고 자존심도 강하다. 그렇기에 난 배우라는 직업에 더 이끌렸고 무대라는 곳이 더욱 간절해졌다.

나를 세워줄 수 있는 무대가 있다는 것은 감사하고 소중하지만 아직 그 소중함과 감사함을 모르는 배우들이 많다. 그러나 나는 이 소중함과 감사함을 일찍 알게 됐기에 나 스스로 채찍질하고 성장할 수 있다고 생각한다.

"배우의꿈 2기 〈Hello, Dolly!〉"는 무대에 선다는 책임감과 가슴 벅참, 그리고 내가 맡은 배역을 사랑해야 한다는 것을 일깨워준 공연이다.

"배우의꿈 3기 〈Fame〉"에서는 혼자 할 수 없는 공동 작업이기에 끈끈한 협동심과 배려가 중요하다는 것을 배웠다. 그리고 이번에 나에게 새롭게 배울 기회가 왔다.

사실 고민을 정말 많이 했던 "배우의꿈 5기 〈Rent〉", '나보다 더 배우라는 꿈에 있어서 간절하고 고민하는 학생들이 있을 텐데 내가 들어가서 그 자리를 뺏는 게 아닐까?'라는 생각이 들었다.

그 생각을 조금이나마 깰 수 있도록 해준 원동력은 내가 공연과 입시를 병행하면서 내 최종목표에 이르기까지 온갖 괴로움과 힘듦을 딛고 일어선다면 그게 내가 발전할 수 있는 좋은 기회이고 성장할 수 있는 와신상담이라고 느껴졌다.

난 지금 조금 무리하고 있는 것일 수도 있다. 쉽게 정할 수 없던 갈림길에서 헤매고 있는 중일지도 모른다. 지치고 힘들고 포기하고 싶을 때가 있다. 하지만 난 나만의 돌파구를 찾아서 지름길로 이끌고 갈 생각이다.

항상 매일 아침 나는 일어나자마자 씻기 위해 화장실로 들어가서 "지 승 민 파이팅!"이라고 외친다.

컨디션이 좋으면 1번, 컨디션이 그저 그러면 5번, 안 좋을 때는 10번을 외친다.

내가 시작하는 하루에 내가 열심히 할 수 있도록 내 목표를 향해 갈 수 있도록 동기부여 하는 나만의 방법이다.

No day But today. 오늘을 간절히 살고 끊임없이 공부하는 배우가 될 것이다.

[뮤지컬 〈렌트〉 공연 장면]

꿈은 노력의 연속

김나영
배우의꿈 5기 〈렌트〉 조앤 역
배우의꿈 4기 〈헤어스프레이〉 트레이시 역

믿을 수 없겠지만 사실 나는 사람을 무서워했다. 항상 뭘 하려고 하면 사람들 눈치를 보았고, 나만을 위해서가 아닌 남들이 보는 '나'를 신경 쓰기 바빴다.

이랬던 내가 바뀌게 된 건 바로 어릴 때 우연히 본 뮤지컬 〈위키드〉의 엘파바 때문이었다. 몸에 와이어를 차고 하늘로 솟아오르며 고음을 지르던 엘파바의 모습은 내가 뮤지컬배우를 꿈꾸게 하기에 충분했다.

그때부터 나의 꿈은 '엘파바 김나영'이 되었다. 그때부터였을까? 얼굴도 못 쳐다보던 내가 사람들의 눈을 보며 대화하게 되었고, 말 한 번 꺼내는 게 힘들었던 내가 누군가에게 먼저 다가가 말을 걸었다. 이렇게 계속하다 보니 나중에는 학급임원은 당연히 해야 하는 사람이 되어있었다. 하지만 뮤지컬 배우가 되기 위한 어떠한 준비를 하지 않았던 나는 그다음에는 뭘 어떻게 해야 할지는 잘 몰랐다.

그러던 중 나에게 찾아온 기회가 바로 '배우의꿈'이었다. 뮤지컬배우가 되고만 싶었지 아무런 지식도 없었고, 경험이라고 해봤자 어릴 때 어른들이 시키는 걸 그대로 따라했던 뮤지컬 하나가 다였던 나에게는 아주 큰 기회였다.

2차 오디션을 보고 온 후, 나는 당연히 떨어지겠구나 싶었다. 그 당시 나는 연기학원에 다니고 있었고, 나와 이 프로젝트는 취지가 맞지 않는다고 생각했기 때문이다.

나는 아직도 가족과 함께 만둣국을 먹으며 눈물을 삼켰던 기억이 생생하다.

그런 내가 붙어버리다니, 게다가 트레이시(배우의꿈 4기 작품 〈헤어스프레이〉의 여주인공)라니 믿을 수가 없었다. 마냥 좋아할 수도 없었다. 부담감이 너무 컸기 때문이다. 어떻게든 이 역을 소화하고 싶은 욕심도 들었다.

그래서 나는 방학 동안 연습시작 시간 1시간 전부터 가서 연습실에 적응하려 노력했다. 점심시간, 저녁시간 모두가 밥을 먹으러 나갈 때에 밥도 먹지 않고 쪽잠을 자면서 못 잔 잠을 좀 채우거나 매일 빵을 사오던 신환이를 붙잡고 노래를 불렀다.

사람들은 내가 다이어트를 한다고 생각했겠지만 사실 못하는 게 너무 싫었고 '상대팀 언니만큼은 해야 한다.'라는 마음이 강했기 때문에 배고프다는 생각도 들지 않았던 것이다.

결과는 좋았다. 내가 생각하기에는 아직도 많이 부족하고 후회스러운 부분이 많지만 남들이 보기에, 아니 적어도 부모님만큼은 아주 좋아 하셨으니까.

그런데 이번 배우의꿈 5기 프로젝트에 다시 참여하게 되었을 때 완벽히 고쳐진 줄만 알았던 과거의 힘들었던 부분이 또다시 나에게 찾아왔다.

'4기 때보다 못하면 어쩌지?' '새로운 사람들과 내가 다시 적응할 수 있을까?' '부모님이 나의 이번 공연을 보고 후회하시면 어떡하지?'라는 생각으로 매일 밤 잠을 설치고 급기야 배우의꿈을 또다시 하는 것이 옳은 일인지, 생각하다가 '역시 하지 않는 것이 좋겠지?'라는 생각까지 했으니까 말이다. 나는 다 고쳐졌다고 생각했는데 알고 보니 다 자만이었던 것이다.

그런 나를 "꿈은 꾸기만 해도 반은 먹고 들어간다."라는 아빠의 말씀이 다시 달리게 만들었다. 있는 그대로 꾸기만 하면 된다고 받아들인 것이 아니라, 도대체 나머지 반은 어떻게, 무엇으로 채워지는 건지에 대해 생각하다가 결국 답을 찾았다. 나의 답은 '노력'이었다.

내가 트레이시라는 역을 위해 노력했기 때문에 좋은 결과를 얻었던 것이고, 내가 더 이상 노력하지 않고 자만하고 있었기 때문에 두려웠던 것이었다.

꿈을 꾸는 것은 자유지만 꾼다고만 해서 이뤄지진 않는다. 나에게 있어서 꿈은 노력의 연속이다.

내가 커서 뮤지컬배우가 되어 무대 위의 엘파바를 연기한다고 해도 나는 결코 꿈이 이뤄졌다고 단정 짓지 않을 것이다. 지금도, 그때도, 아주 먼 미래에도 나는 계속 노력할 것이다. 그리고 이렇게 말할 것이다.

"꿈에 가까워지고 있어!"

[뮤지컬 〈렌트〉 공연 장면]

내가 눈 떴을 때

김 경 준
배우의꿈 5기 〈렌트〉 베니 역

작년 이맘 때 내 눈이 잘 안 보이는 걸 알게 되었고 그로 인해 어머니의 세상은 노래져갔고 아버지는 아무 말이 없으셨다. 나는 그러한 부모님의 모습조차 볼 수 없게 되었다. 그때 나에게 유일한 버팀목은 유튜브 안 뮤지컬 배우들의 모습이었고 난 그들 모습에 비교되었다.

과거에는 모두가 부러워하는 사람이었던 나였지만, 보이지 않는 것은 내게 너무 큰 고통이었고 미래가 암울하게만 느껴졌었다. 그 여름이 오기 전에 봄, 내가 눈 떴을 때는 봄이었다. 과거 어머니가 날 자랑스레 생각하셨던 모습을 되찾아갔다. 성적도 다시 제자리를 찾아갔고 친구들과의 관계도 더욱 좋아졌다. 다시금 내 인생에 햇살이 비치기 시작하는 것 같았다.

그 기쁨도 잠시였다. 그해 여름 난 죽어갔다. 여름임을 자각했을 땐 난 병원 침대에 누워있었고, 난 그 위에서 보이지 않는 별을 바라보며 뮤지컬 넘버 '황금별'을 듣고 있었다. '나도 날아오를 수 있을까.'라는 의문을 품으며 난 하루하루 죽어갔다.

그 해 가을, 잘게 분해되는 내 몸 위로 따듯한 햇살이 다시 비춰지기 시작했다.

어머니와 누나가 나에게 준 선물 〈스위니토드〉, 그 뮤지컬은 나한테 정말 큰 감동을 줬고 잘 안 보이는 나에게도 이렇게 꿈과 희망, 재미를 주는 이건 진짜 대단했고, 나도 내가 느낀 감정을 다른 사람한테 주고 싶다고 생각하기에 충분했다.

그리고 거기서 본 토비어스 김성철 배우가 나왔던 모든 뮤지컬들을 찾아보았는데, 나에게 많은 위로를 주었다.

내가 알아보면서도 난 가을에야 드디어 넘기지 못하는 페이지를 넘길 수 있게 되었다.

어느 때보다 추운 겨울 가을에 마음먹은 내 꿈은 겨울에도 이어졌다. 겨울에 본 뮤지컬 〈스토리 오브 마이라이프〉, 그리고 〈미스터 마우스〉를 보며 정말 많이 울었다. 또 그때부터 신을 믿으며 원망했다.

날 이렇게 만든 건 신이 존재하기 때문이고 분명 그 신은 언젠간 다시 돌려놓을 것이라고 난 믿었다. 그런 생각들 속에서 난 다른 사람들의 얼굴을 못 보고, 길에 신호등조차 보지 못하는 상태에 익숙해져갔다.

봄이 다가왔다. 사실 좀 혼란스러웠다. 작년의 기대와는 다르게 많은 것을 잃었고, 내 상태 또한 여전했다. 그때 나에게 도전의 기회가 주어졌다.

우연히 들어간 동아리 누나의 소개로 배우의꿈을 알게 되고 지원할 수 있었다.

물론 난 아직 혼란스러웠다. 그 상태로 본 오디션이었지만, 태어난 사람이 자연스레 밥을 먹고 배설행위를 하는 것처럼 편안한 마음으로 오디션을 치렀다.

그러면서 난 신에게 빌었다. 나에게 이 배우의꿈이라는 곳에서 꿈을 키울 수 있게끔 만들어주시던가, 눈을 새롭게 해주시거나, 나의 병으로 인해 나를 버리고 간 많은 사람들을 돌아오게 해달라고, 셋 중에 하나는 꼭 들어달라고 빌었다. 그때 신의 선택은 꿈이었고, 난 최선을 다했다.

다시 여름이 왔다. 운인지, 실력인지, 신의 얄팍한 아량 덕인지, 난 어쨌든 여기 서 있다. 난 여기에서 보이지 않지만 그 누구보다 잘할 수 있다는 것을 입증하기 위해 누구보다 즐기고 있고 누구보다 열심히 하고 있다.

비록 아직 난 절망스럽고 원망스럽고 탓하고 싶고 모든 곳에 도망가고 싶다. 정말 신을 죽이고 싶다고 생각이 들 때 난 항상 뮤지컬 〈미스터 마우스〉의 대사를 생각한다.

"신은 나를 너무 사랑해서 잠시 반칙을 써서 다른 세상을 보여준 것이다." 제 부모의 우는 얼굴도 보지 못하는 한 아이가, 신호등에 초록 불이 켜져 있는데 보지 못하는 아이가, 자기가 쓴 글을 읽지도 못하는 아이가 꿈 하나 때문에, 꿈 하나 덕분에 이 세상을 다시 바라보고, 이 글을 쓰면서 다시 과거의 영광을 되찾으려 하고, 다시 자신이 할 수 있다는 것을 보여 주려 한다.

앞으로 그 누구보다 밝은 빛이 되어 모든 사람에게 살아갈 이유를 만들어주는 사람이 되겠다. 꿈은 죽어갈 때, 그 누구도 축복해 주지 않을 때 날 비춰준다. 서서히 그리고 영원히.

[뮤지컬 〈렌트〉 공연 장면]

A new life

신 의
배우의꿈 5기 〈렌트〉 모린 역

나는 어렸을 때부터 꿈이 참 많았다. 요리사, 아나운서, 대통령 등등 기억도 나지 않는 많은 꿈이 있었다. 이런 생각을 할 때면 가끔씩 꿈이 많던 옛날이 그리워질 때가 있다. 나이를 먹으면 먹을수록 단 하나의 분야에 집중하지 않으면 뭣도 되지 않는 꿈의 이중성과 잔인함을 알아가는 것만 같다.

그래도 나는 다행이다. 나는 그런 많은 목표와 꿈들을 거쳐 내가 하고 싶은 것을 발견했기 때문이다. 영화 〈Sound of music〉을 처음 봤을 때가 생각난다. 여러 화음이 어우러져 하나의 음악을 만들고 그런 음악들이 모여 아름다운 이야기가 탄생했던 내 첫 뮤지컬 영화였다.

이 영화를 보고 나는 음악이 하고 싶다고 생각했다.

물론 그 생각은 점차 변질되어 '음악' 이 아닌 흔히 '딴따라'라고 불리는 것을 하고 싶게 만들어 주었지만 말이다. 나는 많은 사람이 대중가요를 딴따라라고 말한다 해도 그것도 하나의 예술이라고 정의했다.

하지만 사람들이 모두 무시하는 딴따라가 되는 길은 험난했다. 수천만의 경쟁률을 제쳐 연습생 계약을 하고, 기약 없는 생활을 끝까지 버텨야만 그곳에 발이라도 담가 볼 수 있었다. 이런 현실을 뒤늦게 깨달은 나는 옛날처럼 확고한 직업의 종류가 아닌 매개체로서의 음악을 하고자 목표를 정했다.

물론 이런 생각을 하기까지도 꽤 오랜 시간이 걸렸다. 나는 단순히 음악 방송에 나와 대중가요를 부르는 가수들이 멋있었고 그런 사람이 되고 싶었다. 다시 생각해 보면 그저 '보이는 가수'가 되고 싶었던 것 같다. 유치하다고 생각할지도 모르지만 나는 아직도 그것들이 멋있다.

하지만 이제는 단순히 누군가 만든 곡의 감성을 따라 하는 가수가 아닌 대중에게 내 감성을 전달하고 싶은 '음악 하는 사람'이 되자고 생각했다. 그러나 이렇게 마음을 먹은 뒤에도 일은 잘 풀리지 않았다.

이때 나는 내 나이 또래의 아이들보다는 많은 실패와 좌절을 겪었을 거라고 장담한다. 목이 나가고 연습량은 부족하고 오디션은 반복해서 떨어지고 낙담하는 악순환이 반복되었다. 한 오디션은 보고 난 후 속상한 마음에 울면서 친구한테 전화했던 기억도 난다. 그리고 저녁 일곱 시에 친구와 만나서 분식집에서 한풀이를 했었다. 지금 생각해 보면 귀여운 것 같지만 나는 아무것도 제대로 하지 못하는 나에 대해 굉장히 실망했다.

이러한 실패의 요인 중 대부분은 내 자존감의 문제였다. 고작 열다섯 살에 나는 '내가 노래를 계속 해도 될까?' 하는 생각에 사로잡혀 자존감이 바닥을 쳤다.

이유는 많았다. 내 나이가 더 이상 나에게 베네핏이 되지 않는다는 점이 몹시 안타까웠고 '세상에 음악 하려고 하는 사람은 많고 길은 좁구나.' 하는 생각이 들었던 것이다.

그래서 그런지 노래 부르는 것도 귀찮고 모든 게 따분했다. 나는 음악을 거의 포기할 뻔했다. 하지만 극적으로 배우의꿈 프로젝트에 참여하면서 내 자존감이 다시 높아지기 시작했다. 이곳에서는 마음껏 노래를 불러도 아무도 이상한 눈초리로 보지 않았다. 이건 나에게 있어서 정말 중요한 포인트다. 노래를 부를 때는 항상 남의 귀를 의식하고 남을 먼저 생각했던 내가 편하게 내 목소리를 낼 수 있게 되었기 때문이다.

거창하게 들리겠지만 어쩌면 배우의꿈은 낯을 가리고 부끄러움을 타던 내 성격을 비롯하여 모든 일상을 통째로 뒤집어 놓았다. 물론, 무지 힘들다.

방에 잔뜩 빠진 머리카락을 치우려면 아주 미칠 지경이다. 하지만 배우의꿈은 내 머리카락을 희생할 정도로 내게 의미 있고 소중한 추억이 생길 예정이다.

더 이상 헛된 시간 낭비가 아닌 대중 앞에서 노래 부르고, 연기하고, 춤출 기회를 가지게 된 것에 감사하다. 배우의꿈을 끝낸 내가 기대되고 그런 나를 칭찬해 주고 싶다. 프로젝트는 내 목표에 다가갈 도움닫기를 해 줄, 날아오를게 만들어 줄 역할을 도맡을 것이다. 덕분에 나는 행복한 새 삶을 살고 있다.

A new life!

[뮤지컬 〈렌트〉 공연 장면]

나만의 길, 나만의 소원, 나만의 꿈

이 희 성
배우의꿈 5기 〈렌트〉 모린 역

15살인 나에겐 꿈이 있다. 초등학생 때부터 줄곧 가져왔던 나의 소중한 꿈, 몇 년 동안 푹 빠져 헤어 나오지 못했던 꿈. 그 꿈은 바로 뮤지컬 배우다.

초등학교 2학년 때, 우연하게도 교회에서 작은 뮤지컬이 열린다는 말이 들려왔다. 노래를 정말 좋아했던 나였기에 바로 뮤지컬 부에 들어갔다. 나름 호기심으로 시작한 뮤지컬이었지만 나는 짜릿한 재미와 기쁨을 멈출 수가 없었다. 어린 2학년의 경험이었지만, 공연이 끝난 후의 그 환호와 박수갈채들, 얼핏 보이는 사람들의 미소를 지금도 감히 잊을 수가 없다. 그 큰 무대에 서서 노래를 부르고 춤을 추며 연기를 한다는 일이 미숙할지라도 너무 행복했었다.

그 이후에도 교회에서 작은 뮤지컬을 여러 번 올렸다. 공부는 그렇게 귀찮고 잠이 오더니, 정작 내가 좋아하는 일을 하려고 하니 정신도 말똥말똥하고 집중이 잘 되는 게 참 신기했다. 하지만 몇 번씩 문제에 부딪혀 갈등을 빚어내기도 했다. 아무래도 주인공을 하고 싶은 마음이 크다 보니 더욱 더 욕심을 냈던 모양이다.

그때마다 철없는 나를 잡아주신 건 선생님이었다. 초등학교 4학년이었던 나에게 살짝 과할 수도 있지만 옳은 말들로 철저히 교육시켜주셨다. 당시에는 그렇게 서럽고 눈물이 났는데, 지금 돌아보면 윤영신 선생님께 정말 감사하다. 올바른 경쟁의식을 알려 주셨고, 소중하지 않은 배역이 없다는 것 또한 알려주셨다. 게다가 채찍 후에는 항상 당근을 주셨다.

그렇게 나는 정신을 다 잡고 새로운 마음으로 뮤지컬 배우라는 꿈을 바라보기 시작했다.

소중하지 않은 배역은 하나도 없다는 것을. 실력에 비해 욕심을 내기 시작하면 밑도 끝도 없이 추락한다는 것을. '절제'를 배우고 '감사'를 배우며 스스로를 갈고 닦았다. 완벽하지는 않더라도 발전된 모습을 보이기 위해 철저히 노력했다.

시간은 흘러 중학교 1학년 말, 이사하게 되어 서울장평중학교에 전학을 가게 되었다.

새 친구들과 함께 우정을 싹틔우며 가끔 친구가 다니던 음악학원에 놀러가 노래를 부르며 놀았는데, 우연히 실력을 테스트하게 되었고, 생각지도 않게 많은 칭찬을 들었다. 어떨떨했지만, 꺼지지 않은 꿈에 불씨를 당긴 계기가 되었다.

선생님은 내 꿈을 물으셨고, 나는 뮤지컬 배우라고 대답했다. 하지만 선생님은 내 발성이 뮤지컬 배우보다는 가수 쪽에 더 맞다고 얘기해 주셨다. 그때부터 가수와 뮤지컬 배우라는 두 개의 갈림길을 놓고 고민하기 시작했다.

이 와중에 배우의꿈이라는 프로젝트를 만나게 되었다. 혼자 열심히 뮤지컬 넘버들도 듣고 연기 연습도 하며 지내던 요즈음에 만난 단비였다. 이 프로젝트는 학교 음악 선생님의 추천으로 나가보게 되었다. 부모님이 "네가 오디션에서 전문적인 분들께 인정 받아오면 음악을 시켜줄게."라고 말씀하셨기 때문에 정말 간절했다. 그래서 연습과 연습을 거듭해 최고의 모습을 보여드리기 위해 노력했다.

오디션은 생각보다 긴장되지는 않았다. 들어가기 전에는 심장이 터질 것만 같았는데, 내 번호가 불리고 걸어 나가는 순간 긴장과 떨림은 눈 녹듯이 사라졌다. 그저 내 진심과 노력만 봐 주시면 될 것 같다고 생각하며 마음 편안히 봤다.

결과는 눈물이 날 정도로 행복했다. 좋은 말씀들을 정말 많이 들었고, 스스로 꿈에 대한 확신을 가지게 되었다. 그렇게 나는 부모님으로부터 꿈에 대한 허락을 받았다. 그리고 지금, 부모님은 지금 누구보다 나를 응원하고 격려해주신다. 아직은 많이 부족하지만 내 실력에 자부심을 갖되 겸손하게 임하려고 한다.

내가 배우의꿈을 하면서 가장 뼈저리게 알게 된 점은 '열심히'라는 말과 '최선'에 대한 말을 쉽게 내뱉으면 안 된다는 것이다. 그렇기에 나는 정말 내 모든 것을 보여드릴 수 있을 만큼의 최선이 아닌 이상 최선을 다했다는 말을 하지 않으려 한다.

이것은 뮤지컬뿐만 아니라 실생활에도 적용시켜 마땅하다고 생각한다.

자신이 정말 원하는 꿈이 있다면 그에 대해 신뢰도를 쌓기 위해서 보여주는 것도 필요하다고 생각한다. 정말 하고 싶다고 해서 다 할 수 있는 건 아니기 때문이다. 웬만한 자질이 있어야 하고, 끈기와 노력도 필요하다. 정말 이 길에 내게 맞는 것인지 헷갈리고 갈등이 된다면 부딪히고 몸을 내 던져보길 바란다. 한계에 다다를 때까지 임하다 보면 얻는 게 정말 많을 것 같다. 그 길로 성공하지 못한다고 해도, 노력한 길을 되돌아보면 이미 자신은 한 단계 성장해있는 상태일 것이다. 꿈이 있는 모든 대한민국 청소년들은 진심으로 응원한다!

HAPPY!

윤 예 영
배우의꿈 5기 〈렌트〉 이불거지 역

나의 꿈의 시작은 유치원 때로 기억한다. 유치원 선생님께서 "나의 꿈을 적어보세요."라고 하실 때 나는 그냥 내가 알고 있는 유일한 직업인 간호사를 적었다. 그땐 꿈이라는 것조차 모른 채 친언니를 따라 취미 정도로 피아노, 각종 악기, 성악을 가르쳐주는 학원에 다니다가 호기심에 성악을 배워보기로 하였다.

성악을 처음 배웠을 때의 기억은 생생하다. 사람들 앞에서 예쁜 목소리를 들려주는 그 순간 모든 사람이 나를 멋지다는 듯한 눈으로 나를 쳐다볼 때, 노래에 대한 더욱 큰 즐거움이 생겼다. 엄마 말씀으로는 주변 사람들도 나의 재능을 칭찬해주시고 응원해 주셨다고 한다.

그 덕분에 꾸준히 여러 좋은 선생님께 성악을 배우고 많은 경험을 하며 실력을 늘려갈 수 있었다. 나는 다른 길은 쳐다보지도 않고 쳐다볼 생각도 하지 않은 채 지금까지 성악을 했으니까 '나의 길은 무조건 성악!'이라고 생각했다.

그러나 늘 이상하게도 나는 '꿈'이라는 것을 생각하면 무언가 채워지지 않은 공허함이 있었다.

꿈은 내가 정하는 것인데 내가 정하지 않은 느낌이 들었다. 이런 고민이 지속되다가 어느 순간부터 나는 성악수업에 가기 싫어지고 나도 모르게 하기 싫어졌다.

그러나 부모님은 오래전부터 나를 성악 쪽으로 인도하기 원하셨고, 나도 나 자신에게 계속 '꿈은 변하면 안 돼! 나는 성악을 좋아해야 해! 성악을 해야 해!'라고 최면을 걸면서 계속 성악을 배웠다.

그러나 초등학교 6학년 열심히 성악을 배우고 있던 어느 날 나는 2층 침대에서 떨어지는 사고에 의한 뇌출혈로 인해 노래를 잠시 쉴 수밖에 없었다. 게다가 예비 중1 겨울방학 때 생각지도 않은 사정 때문에 이사하게 되었다. 정말 절망적이었다.

이제 성악을 배울 곳이 없어졌고, 친구도 없었고, 이사 올 때 TV도 버려서 정말 할 것이 없었다. 혼자 집에서 생각도 많이 했지만, 우울해하기도 했다.

그때 조금 오래된 노트북이 눈에 들어왔다. 노트북으로 드라마와 영화를 온종일 미친 듯이 보며 시간을 보냈다.

나는 그때 드라마라는 세계를 보며 카메라 앞에서 다른 사람의 인생을 직접 겪고 살아온 것처럼 연기하는 모습에 매료되었다. 그러다 보니 배우라는 직업에 관심을 갖게 되었다. 그러면 성악가의 꿈은 어떡해야 할까? 곰곰이 생각하고 있던 그때, 내 가슴에 꽂힌 명언이 있었다.

데이비드 메컬로의 "진정한 성공은 평생의 일을 자신이 좋아하는 일에서 찾는 것이다." 이 명언은 내 생각과 삶을 변화시켰다. '나는 과연 지금까지 성악을 하며 행복했었나?' '앞으로 평생 성악을 한다면 과연 행복할까?' 결론은 부정적이었고, 배우라는 꿈에 대한 마음이 조금씩 커지기 시작했다.

부모님께 배우가 꿈이라고 말씀 드렸을 때 처음엔 성악은 배우와 밀접한 인접예술이라며 배우가 되려면 성악을 열심히 배우라고 하시면서 성악을 계속 배우길 바라셨다.

배우라는 꿈은 딱히 신경 쓰지 않으시며 자꾸 내가 관심 없는 성악 쪽으로 밀어주셨다.

부모님이 나의 꿈을 응원해주시는 것 같지도 않았고, 연기학원에 보내주는 것은 우리 집에서 상상도 못할 일이었기 때문에 내가 직접 내 꿈을 이뤄야겠다고 다짐했다. 이후 대본을 무료로 공유하는 카페에 가입하여 대본을 얻어 나 혼자 연기해보고, 드라마를 볼 때에는 그냥 재미로 보는 것이 아니라 인물의 대사의 의미와 감정을 생각하며 보는 것 등등 나름대로 내가 할 수 있는 연기연습이란 연습은 다 찾아보며 계속 했던 것 같다.

그리고 중학교 1학년 때에는 이젠 직접 연기를 해보고 싶어 무료 연극 프로젝트에도 참여하여 연극을 올렸다. 그 연극은 정말 짧고 작은 연극이었지만 나는 그 짧은 순간에 정말 엄청난 설렘과 짜릿함과 행복을 느끼며 많은 경험을 쌓으며 다시 한번 '배우'라는 나의 꿈을 더욱 더 사랑하게 되었다.

그렇게 계속 노력해 가며 나는 나의 꿈을 위해 노력하고 알아보고 있을 때 나의 눈앞에 '배우의꿈'이라는 프로젝트의 포스터가 보였다. 처음엔 '배우의꿈 5기' 참여 오디션에 대한 부담감이 있었지만, "후회할 일을 만들지 말자."라는 좌우명을 걸고 용기를 내어 참여하게 되었다.

현재 나는 내가 하고 싶은 일을 하고 있어 행복하다. 또한 꿈을 이룰 날을 기다리며 행복하다. 현재는 부모님도 나의 노력과 꿈을 향한 열정을 보시며 점점 나의 꿈을 인정해주고 응원해주신다. 나는 이제 내가 즐겁고 행복해하는 '배우'라는 나의 멋진 꿈을 위해 그 끝이 뭐가 되던 끝까지 노력할 것이다.

모든 사람이 '자신'이 원하는 꿈을 가진다면 좋겠다.

이 글을 읽고 있는 당신도 평생의 일을 당신이 좋아하는 일에서 찾길 바란다.

변해가는 꿈

조 성 한
배우의꿈 5기 〈렌트〉 로저 역

내 꿈은 중학교 시절에 받은 영향으로 형성되었다. 나는 초등학교부터 중학교 2학년 때까지 아역배우를 해왔다. 촬영이 있을 때마다 학교 수업을 빠지면서 새벽 아침 일찍 현장으로 가서 분장을 했다. 처음에는 당연히 대사가 하나도 없었고 팔만 보이는 경우도 있었다. 그때는 단지 내가 TV에 나오는 모습이 신기했고 호기심도 강했다.

부모님의 영향력도 컸던 것 같다. 부모님 또한 밀어주시고 도와주셨기에 초등학교 때부터 낯선 사람들과 낯선 곳에서 낯선 일을 같이 하는 것을 지켜봐주셨고, 나를 항상 데리고 다니시면서 챙겨주셨다.

활동을 많이 하면서 경력이 쌓이고 대사가 있는 배역을 하게 되면서 나 또한 스스로 성장해나가는 부분을 느끼면서 즐겁게 활동을 해왔다.
5학년 때부터 일주일에 3번씩 촬영을 하게 되어 학교에 잘 못 다닐 때도 있었고, 그렇게 되면서 학교생활이나 친구들이랑 소홀해지는 부분도 생겼다.
그러나 중학교에 들어가서 학교생활을 하면서 내가 갈 수 있는 길은 배우의 길 말고도 다양하고 많은 선택지와 길이 있다는 걸 알게 되면서 방송 관련된 일과는 점점 거리를 두게 되었다.
학교생활과 내가 평소에 관심 있어 하는 것이나 취미에 몰두하면서 더더욱 방송에 소홀해지게 되었고, 결국 거의 활동하지 않게 되었다.
그렇게 중학교 2년을 보내고 중학교 3학년 때 진정으로 내가 하고 싶은 일은 무엇인가에 대해서 1년 동안 깊게 생각하게 되었다. 중학교 3학년이라는 1년 동안 그때그때 관심 있는 직업이 생기면 박람회 같은 곳을 찾아보기도 했고, 어느 언어에 관심이 생겨 회화를 할 수 있을 정도로 익힌 적도 있었다.
이렇게 1년을 보내면서 나에게 가장 적합한 것은 무엇인지 무엇을 하면서 살고 싶은지를 생각해봤고, 그때 다시 생각나는 게 초등학교 때부터 중2까지 보냈던 아역배우 생활이었다. 그 생활을 되돌아보면 항상 즐겁게 촬영하고 재밌게 한 것만은 아니었다. 힘들고 울기도 하고 어려울 때가 오히려 더 많았다.
하지만 그러면서도 초등학교 2학년부터 중학교 2학년까지 7년 동안 버텨오면서 할 수 있었던 건 아무래도 TV에 나 자신이 나오는 것뿐만 아니라 이 활동을 하면서 생긴 친구들이나 인연이 있었기 때문에 힘들어도 극복하고 어려워도 헤쳐 나갔던 것 같다. 그래서 지금의 배우의꿈 5기 고등학교 2학년의 조성한이 있는 것 같다.
사실 꿈에 대해서 확신을 얻기는 어렵고 나 또한 1년이란 시간 동안 생각하면서 다시 배우의 꿈으로 잡았지만 솔직히 아직 확실하지 않은 부분도 많다.
하지만 나는 여태까지 내가 해왔던 일들을 보면서 믿고 나아가기로 정했다. 꿈을 정하기 어렵다면 그 순간 자기가 하고 싶은 일들을 해보고 알아가면서 다가가는 것이 가장 좋은 태도인 것 같다.

앞으로 내 꿈 또한 더욱 구체화되길 바라며 지금 주어진 상황에 최선을 다하고 싶다.

[뮤지컬 〈렌트〉 공연 장면]

꿈이 있다는 것

이 선 민
배우의꿈 5기 〈렌트〉 학생연출

꿈이 있다는 건 참 사소하고 작은 일처럼 보일지 몰라도 삶의 이유, 그리고 원동력이 되는 일이다. 또 굉장한 행운이고, 불가능해 보이는 것도 할 수 있게 하는 것이다. 나에게는 그런 소중한 꿈이 있다.

사람들은 나에게 '장래희망'이 뭐냐고 물어온다. 나는 그럴 때마다 단순히 '뮤지컬 연출가'라고만 말해왔다. 하지만 나의 꿈은 그렇게 직업으로만 한정 짓고, 말할 수 있는 게 아닌 것 같다.

나의 꿈은 그저 '뮤지컬 연출가'가 되는 것이 아니다. '뮤지컬'이라는 수단을 통해 사람들을 변화시키고 싶은 것이다. 뮤지컬을 통해 조금 더 따뜻한 세상을 만들고 싶다.

또한 내가, 그리고 나와 함께하는 사람들이 만들어갈 뮤지컬이 극으로만 그치는 것이 아닌 극을 본 뒤 극장에서 나가도 계속 진행되는 극이면 좋겠다.

우리의 극은 삶의 도피처만이 아닌 삶과 연결되고 삶의 원동력이 되는 삶의 일부가 되면 좋겠다. 극을 통해 우리가 전하고 싶은 메시지가 사람들을, 세상을 변화하게 하는 계기가 되면 좋겠다. 그렇게 '뮤지컬'이라는 도구로 따뜻한 세상을 만들어가는 한 걸음을 떼고 싶다.

이렇게 내가 만들고 싶어 하는 '따뜻한 세상'이란, 사람들이 서로의 아픔에 눈물 흘릴 줄 알고, 사랑하는 세상이다. 요즘 세상은 겉모습만으로 사람들을 판단해버리고 만다. 하지만 나는 이에 저항하고 싶다. 내가 원하는 세상은 서로를 바라볼 때 스펙, 외모, 능력이 아닌 서로의 내면을 바라봐줄 수 있는 세상이다. 또한 빠르게 지나가느라 정말 중요한 것들은 놓치는 것이 아닌 조금 느리더라도 우리 삶에 진정으로 필요한 사랑, 기억함 등의 가치들을 놓치지 않고 살아가는 세상이다. 나는 그런 세상을 만들기 위해 작지만 큰 꿈을 꾸고 있다.

나의 꿈을 생각할 때면, 내가 이룰 모습들을 상상할 때면 마음이 따뜻해져오고, 행복하다. 나를 행복하게 만드는 꿈은 변화를 불러오고, 불가능해 보이는 것들을 가능케 하는 듯하다. 나는 원래 잠도 많고 귀찮아하는 게 많은 사람이었다. 하지만 요즘에는 방학인데도 일찍 일어나고, 매일매일 바쁜 일정으로 집에는 12시에 들어오기 일쑤다.

그럼에도 나는 오히려 매일같이 잠만 자고 침대와 한 몸이었던 때보다 더 보람찰 뿐만 아니라 잠이 비교적 부족한데도 더욱 활기찬 생활을 하고 있다는 생각이 든다.

예전에는 매일매일 그저 생각 없이 인터넷만 하며 나의 삶의 원동력을 찾지 못하고 방황하기도 했는데 요즘은 나의 꿈이 나를 살아가고 싶게 하고 있다.

나는 '배우의꿈'이라는 프로그램 안에서 '뮤지컬 연출가의 꿈'을 가지고 학생연출로 들어오게 된 케이스다.

배우들은 서른 명이 넘는 반면 학생 스태프는 단 3명밖에 없다. 학생 스태프가 적은 수이기는 하지만 그렇기에 더 많은 것을 배울 수 있기도 하다.

우리는 각자 A, B, 앙상블 팀을 맡아서 함께 연습하기도 하고 장면을 직접 연출하면서 함께 만들어가기도 하고, 대본수정, 홍보기획 등의 많은 일들을 하나 하나 함께 해나가고 있다. 이런 과정들 중 쉬운 일은 단 하나도 없었다.

또한 부족한 부분도 많아 때로는 실패하는 것처럼 보이기도 했다. 하지만 실패의 경험은 실패했기에 좋은 경험이자 성공으로 가기 위한 발판이었고, 성공한 경험은 성공했기에 힘을 얻을 수 있는 시간들이었다.

단순히 배우들이 연습하는 것들을 지켜보는 것만으로도 하나의 배움이 되었다. 이렇게 허무하고 그저 지나가던 나의 시간들은 나의 꿈을 위한 한 발짝 한 발짝이 되어간다.

또 앞으로도 다양한 경험들에서 많은 것들을 배울 것이다. 그 경험이 실패든 성공이든 상관없이 말이다.

나는 현재 꿈을 가지고 있기에 행복하다. 또 어려운 일도 꿈만 있다면 이겨낼 수 있을 것 같다. 앞으로 내가 살아가면서 꿈이 바뀔 수도 있고, 많은 실패에 부딪힐 수도 있다.

하지만 그럼에도 꿈이 있다면 지금처럼 매일 매일을 살아가는 힘을 얻고, 행복한 삶이 되지 않을까?

[뮤지컬 〈렌트〉 공연 장면]

Part 3.
열정, 그것은 꿈의 다른 이름

못할 건 또 뭔데?

박 민 영
배우의꿈 4기 〈헤어스프레이〉 앰버 역

하고 싶은 얘기가 참 많다. 그 이유는 첫째, 나와 같은 사람들과 이야기를 하고 싶은 마음과 둘째, 이런 기회가 아니면 제 짧은 인생 이야기를 언제 풀어놓을까 싶기 때문이다.

나는 고등학교 2학년 때 두 번째 꿈이 생겼다. 미고 진학을 포기한 후, 꿈 없이 살다가 배우를 꿈꾸게 되었는데, 그동안 나는 나 하나밖에 모르고, 다른 사람들은 나 몰라라 하던 아이였다.

하지만 공연을 올리면서 공연을 올리는 동료이자 친구라는 수많은 사람들에게 관심을 갖고 조금씩 관심의 폭을 넓혀가기 시작했다. '안 돼, 할 수 없어.'라는 생각이 가득했는데, 어느 순간 '할 수 있을 거야!'라는 생각으로 채워지기 시작했다는 걸 깨닫는 그 순간은 너무도 오묘한 기분이 들었다.

이런 내가 뮤지컬에 빠지게 된 계기는 고등학교 1학년을 마칠 즈음,

음악 시간에 선생님께서 〈지킬 앤 하이드〉 영상을 틀어주신 그때부터였다. 그 후로 너무나도 멋졌던 그 뮤지컬을 다시 한번 더 보고 싶어서 모아뒀던 용돈으로 〈프랑켄슈타인〉, 〈드라큘라〉, 〈마이버킷리스트〉, 〈난쟁이들〉, 〈더맨인더홀〉, 〈천사에 관하여: 타락천사 편〉, 〈아폴로니아〉 등 대극장에서부터 소극장까지 가리지 않고 보고 싶었던 공연은 꼭 보았다. 그리고 공연을 보면서 정말 저 무대 위에 서고 싶다는 생각을 했고, '꿈을 향해 좀 더 나아가보자.'라는 생각으로 배우의꿈 프로젝트에 지원하게 되었다.

사실 배우의꿈 4기 〈헤어스프레이〉에서 '앰버'로서 힘들었던 점이 없다고 하면 거짓말이겠다. 춤을 추는 게 너무 힘들어서 운 적도 있고, 노래가 안 돼서 스스로에게 신경질을 낸 적도 많았다. 체력이 딸려서 런을 도는 중 코피가 터진 적도 있으며, 안무를 익히다가 인대가 늘어나 깁스를 한 적도 있을 정도였다. 당시 몸도 마음도 무척 힘들었다. 그런 순간에 몇 번이나 '그만두면 정말 편해질 텐데.'라는 생각이 들었는데, 그런 생각이 들 때마다 대본을 꼭 쥐고 읽기를 반복했다.

배우의 꿈을 꾼 지 벌써 1년이란 시간이 지났는데 "그동안 무엇을 배웠냐?"라고 물어본다면 나는 나름대로의 견디는 법을 배웠다고 말할 것이다. 조금만 힘들면 바로 쉽게 포기하고 말던 내가 이렇게 악착같이 견디면서 공연이라는 성공적인 결과물을 내었으니까 말이다. 언젠가 썼던 배우일지 첫 장에 이런 말을 기록해 놓았다.

"무대에 서서 관객들을 향해 노래하고 내 진심을 담아 연기하는 것. 이것이 지금 나의 목표다.

그리고 목표를 이루기 위해서 열심히 달릴 것이고, 비록 지금은 너무나 부족하지만 하나하나 계단을 밟고 올라갈 것이다. 최고가 되려 하지 않고, 그저 '차근차근 열심히 해 오면 언젠가는 최고의 자리에 앉아 있지 않을까?'라는 마음으로 열심히 살아가고 있다."

나의 꿈은 최고의 뮤지컬 배우, 그리고 나와 같은 꿈을 꾸는 아이들을 가르치는 선생님이다. '너는 그 꿈을 이룰 자신이 있니?' 내 마음속에서 스스로 물어볼 때마다, 나는 '못할 건 또 뭔데?'라고 당당하게 되물어 볼 것이다.

나는 평범하지만 소중한 꿈이 있다

이 신 환
배우의꿈 5기 〈렌트〉 마크 역
배우의꿈 4기 〈헤어스프레이〉 윌버 역

나는 지극히 평범하다. 다른 고등학생과 별반 다를 것 없는 아이다. 매일 아침 졸린 눈을 부비며 어기적어기적 교복을 주워 입고, 오늘 급식은 뭔지 확인하며, 담임 선생님의 종례가 언제 끝나려나 기다리는 평범한 아이다.

하지만 난 정말로 좋아하는 것이 있다. 그것은 바로 '음악'이다. 음악은 사람을 즐겁게 하고, 슬프게 하며, 옛 추억을 되새기게도 하고, 사랑의 감정을 격화시키고, 이별의 아픔을 치유해주기도 하는 존재다.

내가 음악에 눈을 뜬 건 정확히 초등학교 6학년 때였다. 그때 난 동아리를 정해야 했는데 의도치 않게 '영어 뮤지컬 동아리'에 들어가게 되었다. 그리고 ABBA의 'Dancing Queen'이라는 오래된 팝송을 듣게 되었다. 그 노래는 내 인생을 바꾸어 놓았다. 전혀 관심 없던 '음악'이라는 분야에 눈을 뜨게 하였다.

이 노래는 정말이지 세계 최고의 노래였다. 그리고 그 이후로 ABBA의 수많은 노래들을 찾아서 들었다. 그리고 그 노래들을 부르기 시작했다. 정말 행복했다. 이유는 나도 잘 모르겠지만 그 노래들을 부를 때면 내 모든 신경이 그 노래에만 집중하였고, 내 모든 감정도 그 가사에 집중하게 되었다.

그리고 자연스럽게 '가수'라는 꿈을 꾸게 되었다. 가수들의 화려한 모습에 대한 동경이 아니다. 그냥 음악이 좋을 뿐이다. 남 앞에서 서는 것을 두려워하지 않은 나는 작은 무대도 서보기 시작했고, 혼자 악보를 보고 피아노를 치기도 했으며, 심지어 뻣뻣한 몸으로 아이돌 춤을 따라 추기도 했다.

하지만 가수라는 길이 내가 생각하는 것보다 어렵고 험난하다고 느끼기 시작했을 때, 우연히 '배우의꿈'이라는 공연예술교육 커리큘럼을 만나게 되었다. 음악이랑 상관없이 별 고민도 안 하고 바로 오디션 지원서를 넣었다.

단순히 공연하고 싶은 작은 욕심에 얼떨결에 신청했는데, 전혀 예상하지 않던 '합격'이라는 메시지를 받게 되었다. 난 '배우'라는 직업을 한 번도 생각해 본 적이 없었지만 경험 삼아 해보기로 결심하고, 배우의꿈 4기 뮤지컬 〈헤어스프레이〉 공연을 준비했다.

연기라는 것은 일도 몰랐던 나는 4기 식구들과 이근표 연출님, 강연우 연기선생님, 오현채 연기선생님으로부터 많은 도움을 받았다. 안무와 보컬도 열심히 연습했다. 그렇게 2016년도 여름을 오직 공연만을 위하여 보냈다. 모두가 '배우'라는 꿈에 미쳐서 공연을 준비하니 나도 그렇게 동화될 수밖에 없었다.

2016년 8월 25일, 우리는 국립극장에서 뮤지컬 〈헤어스프레이〉를 올렸다. 설레고 또 긴장되는 첫 공연으로 무대에 섰을 때의 그 느낌은 아직도 생생하다. 무대의 그 조명은 나를 미치게 만들었다. 그리고 난 준비해온 모든 것을 무대에서 쏟아내었다. 그리고 박수를 받았다. 그제야 난 진정으로 내가 뭘 원하는지 조금은 느낄 수 있었다.

솔직히 연기는 내가 해내기에 너무나 어려운 숙제였다. 그런데 무대를 위해서라면 그 어려운 숙제를 마땅히 해낼 수 있을 것이라는 자신감이 생겼다. 앞으로 무슨 목표든지 다 이룰 수 있을 것 같았다. 단순히 '배우'라는 꿈을 넘어서 '배우의꿈' 프로젝트는 나에게 목표를 위해서 노력해 가는 법을, 꿈에 대한 마음가짐을 그리고 미래를 위해 나아갈 때의 그 당돌함과 자신감을 선사해 주었다. 심지어 동료 배우들에게 격려와 위로를 해주는 따뜻한 마음씨도 배울 수 있었다.

2017년 8월 24일, 우리는 국립극장에서 뮤지컬 〈렌트〉를 공연하게 된다. 이 글이 읽히기 시작하는 그날에 나는 어떠한 모습으로 무대에서 있을까? 과연 최선을 다해서 연습한 그 모습을 배우 '이신환'을 통해 보여주고 있을까? 알 수는 없지만 난 지금 최선을 다해 연습할 것이다. 공연을 위해, 나의 꿈을 위해, 그리고 동료 배우들과 연습한 시간들을 위해서 말이다.

나는 욕심쟁이처럼 여러 가지 꿈을 갖고 있다. 물론 꿈이라고 해서 단순히 직업만을 말하는 것은 아니다. 예를 들면 뮤지컬 〈맘마미아〉를 공연하는 것, 나만의 곡을 만들어 보는 것, 세계 여러 곳을 여행해 보는 것, 부동산 경매를 공부해서 나만의 집에서 사는 것 등 하고 싶은 것, 되고 싶은 것이 많다. 나는 이 모든 것을 다 이룰 것이다.

누군가는 이렇게 말할 수 있을 것이다. 두 마리 토끼를 잡으려다가 둘 다 놓친다고…. 아니다. 난 할 수 있다. 난 서너 마리가 되더라도 다 잡을 것이다. 장연실 안무선생님께서는 항상 자신에 대해서 한계를 짓지 말라고 하셨다. 굳은 의지가 있고 피나는 노력이 있으면 세계도 정복할 수 있다고 하셨다. 나에겐 여러 가지 재능이 있고, 하나님과 사랑하는 가족, 친구들이 내 곁에 있기 때문이다. 난 내 소중한 꿈을 향해 굳은 의지로 '최선'을 다할 것이다!

[뮤지컬 〈렌트〉 공연 장면]

꿈, 도전, 거울, 빛

송 연 우

배우의꿈 5기 〈렌트〉 엔젤 역

배우의꿈 4기 〈헤어스프레이〉 리틀이네즈 역

"꿈을 꾸고 있다면 지금 바로 도전하세요!"

지금의 나를 만들어 준 문구다. 처음 이 글을 본 순간, '아~ 이건 내 거구나!' 싶었다.

작년 봄에서 여름으로 넘어가던 시기에 우연히 학교 게시판에서 공고를 보게 되었다. 공고의 내용은 꿈을 꾸고 있는 청소년들을 위한 프로젝트에 대한 소개와 오디션 관련 내용이었으며 난 글을 보자마자 이 프로젝트가 마음에 가득 채워졌다.

나는 오로지 하고 싶다는 생각만 가지고 1차 원서에서 합격하게 되었고, 한 번도 배운 적이 없는 연기와 노래, 그나마 자신 있던 춤으로 어설프지만 후회 없이 2차 오디션을 보게 되었다. 그리고 정말 다행스럽게도 '배우의꿈 4기 오디션'에 최종합격하게 되었다.

설레면서도 어색했던 첫 OT를 마치고 〈헤어스프레이〉를 준비하기 시작했다. 대본 리딩과 작품분석을 마치고 배역오디션을 보게 되었고, 나는 내가 하고 싶었던 '리틀 이네즈' 역할을 맡게 되었다.

'리틀 이네즈'는 어리지만 똑 부러지는 성격에 춤도 잘 추고 노래도 잘하는 아이이며 인종차별에 대해 부당하게 생각하며 차별을 바꾸려고 노력한다. 또 끼도 많아서 무대에도 서고 싶어 하는 아이이다. 지금 생각하면 '리틀 이네즈' 덕분에 배운 것도 많고, 무대에서 신나게 노는 방법도 알게 된 것 같다.

뮤지컬 연습과 배우 훈련을 받는 동안 즐겁기도 했지만, 힘든 점도 많았다. 특히 노래가 나에겐 많이 힘들었다. 다행스럽게도 지금은 조금 나아졌지만 아직도 나는 노래에 대한 자신감이 많이 부족하고 두렵기도 하다.

이렇게 생각하면 아직 가야 할 길이 엄청 먼 것 같다. 연기는 정말 하나도 아는 것이 없어서 겁도 없이 깡 하나 믿고 열심히 했고, 춤은 가장 즐거웠던 것 같다. 아무래도 내가 가장 자신 있는 부분이고, 또 배역 특징상 무대에서 정해진 틀이 없이 자유롭게 춤을 출 수 있던 까닭에 걱정 없이 배웠던 것 같다.

3개월 동안 '리틀 이네즈'로 살면서 열심히 연습했고 8월 말 드디어 하늘극장 무대에 공연을 올리게 되었다. 그렇게 큰 무대에 처음 서는 것이어서 긴장이 되기도 했고, 또 아무나 할 수 없는 경험을 하는 것 같아 정말 설렜다.

드디어 공연 당일에는 마이크를 차서 테스트도 하고, 분장도 받고 의상도 입고 가발도 썼다.

그렇게 외적으로 분장을 다 하고 분장실 거울을 보니 정말 '리틀 이네즈'가 내 앞에 서 있는 것 같아 기분이 이상했다.

공연시작 30분 전 관객이 객석으로 입장을 하고 종이 울렸다. 텅 비어있던 객석이 하나 둘씩 채워지고 극장 안에 또 다시 종소리가 들리자 긴장되고, 불안했지만 또 한편으로는 굉장히 설렜다.

공연의 시작곡인 '굿모닝 볼티모어'가 울려 퍼지고 트레이시의 목소리가 들리자 공연장 뒤에서는 서로 파이팅하며 공연 시작 전 긴장을 달랬다. 드디어 내가 나갈 차례가 다가왔고 나는 심호흡을 크게 하고 무대로 올라갔다.

막상 무대에 올라서니 눈앞에 아무것도 보이지 않고 그저 '리틀 이네즈'라는 한 아이와 〈헤어스프레이〉라는 작품에 집중하게 되었다.

그렇게 약 2시간의 공연을 정신없이 끝마쳤다. 공연이 끝났을 때 성취감과 행복함, 또 안도감과 아쉬움이 합쳐져 묘한 기분이 들었다. 그렇게 총 4일간의 공연을 끝내고 나니 뿌듯한 마음이 들었지만, 함께 공연하며 정든 멤버들을 다시는 한 자리에서 보지 못한다는 것과 3개월의 시간들이 머릿속에 스쳐 지나가면서 울컥하고 시원섭섭해졌다.

2017년 그렇게 나는 지난 공연의 아쉬움과 행복함을 뒤로한 채 5기를 새롭게 시작했다. 작년 공연에서 내가 나에 대해 가졌던 아쉽고 부족했던 점을 보완해서 더 멋진 공연을 올리기 위해서다.

이번에 우리가 함께 준비하고 있는 작품은 뮤지컬 〈렌트〉다. 이 작품을 할 거라고는 나는 상상도 못했다. 그러면서도 굉장히 파격적이어서 놀라우면서도 어떤 렌트가 탄생될까 궁금하기도 했다.

이 작품에서 나는 '엔젤' 역할을 맡았다. 내가 보기에 '엔젤'이라는 캐릭터는 주변 사람들에게 사랑을 나눠주고 사람을 좋아하며 이름처럼 따듯한 캐릭터이고, 중성적인 매력을 가진 멋있는 캐릭터라고 생각한다. 그래서 나는 나중에 '엔젤' 같은 사람이 되고 싶기도 하다.

나는 내가 지금처럼 이렇게 꿈을 향해 행복하게 나아갈 수 있으리라고는 상상도 못했다. 그냥 아직도 꿈만 같고 하루하루 연습하는 시간, 분석하는 시간 모두 정말 행복하다. 그리고 나는 내가 꿈을 꾸고 있는 것 자체가 자랑스럽고 꿈을 향해 나아가는 것이 대견하다고 생각한다. 나는 앞으로 나의 부족한 점을 채워나가고 인정할 줄 아는 배우가 되었으면 좋겠고, 관객들과 소통하며 항상 자기를 돌아보고 반성하는 거울, 세상에 필요한 빛 같은 배우가 되고 싶다.

[뮤지컬 〈렌트〉 공연 장면]

'배우의꿈'은 나만의 종교다

김 자 민

배우의꿈 5기 〈렌트〉 수/중독자 역
배우의꿈 4기 〈헤어스프레이〉 셀리 역

나는 배우를 꿈꿨고, 배우를 꿈꿀 수 있는 기회가 주어졌고, 그 순간은 정말 행복했다. "무대에서 조명을 받는다."라는 말은 평범한 말이지만 실제로는 정말 다른 느낌이었다. 이 모든 걸 배우의꿈이 느끼게 해줬다. 나는 배우의꿈을 믿기에 나만의 종교라 여긴다.

초등학교 4학년 때 엄마를 따라서 보게 된 연극이 있다. 바로 〈한여름밤의 꿈〉이다. 그냥 평범한 연극이라 생각하며 봤는데 좀 달랐다. 중고등학생 정도의 나이의 언니오빠들이 꿈을 이루기 위해 노력해서 올리는 청소년 공연이었다.

이 연극은 '무대'라는 곳에 서보고 싶다고 느껴지게 해주었다. 1년 후, 〈헬로, 돌리!〉를 보았는데, 이 공연이 같은 프로젝트인 '배우의꿈'이란 것을 알게 되었고, 또다시 1년 후, 〈페임〉을 보면서 이곳에 들어가고 싶어졌고, 이윽고 이 프로젝트에 참여하게 됐다.

이곳에서 시작한 작품은 〈헤어스프레이〉다. 매우 밝고 기분 좋은 작품이다. 내가 맡은 배역은 앙상블 '셸리'였다. 나는 자의식을 아직 깨지 못했다. 자의식이란 다른 사람과 다른 나만의 의식이다. 그런데 그걸 깨야만 무대에선 내가 아닌 배우만이 있을 수 있다고 한다. 나도 깨고 싶은데, 막상 하려니까 뭔가 묵직한 게 꾹 막는 느낌이었다. 나를 가둬서인지 내 역할에 대해 제대로 분석도 못하고 포즈 하나 잡는 것도 어려웠다.

그렇게 미완성인 상태로 무대에 올랐다. '내가 하고 있는 게 맞는 건가?'란 의문이 계속 들어서 공연에 집중하지 못했다. 영상으로 보니 안무할 때도 팔을 휘적휘적 대고 잘 못해 보였다. 아직까지도 내가 할 일을 제대로 하지 못한 게 후회되고 죄송스럽기만 했다. 셸리에게도 미안하면서도 고마웠다.

〈헤어스프레이〉를 모두 마치고 나서 몇 달간 다시 기초 트레이닝에 들어갔다. 헤어스프레이 멤버들도 몇몇 들어오고, 다른 사람들도 들어와서 우리 트레이닝반은 좀 더 풍성하고 밝아졌다. 그리고 기쁜 소식이 들려왔다.

배우의꿈 5기 공연. 당연히 우리 모두 참가하게 되었는데, 작품은 〈RENT〉였다. 보컬 트레이닝 때 〈렌트〉의 'Take Me Or Leave Me'를 해봤었다. 그때 이 작품이 되게 신기하다고 생각했다.

동성애와 에이즈환자, 마약중독자 등 흔하지 않은 캐릭터들이었다. 연출 선생님께선 이제 청소년들도 이런 주제를 가지고 얘기할 수 있기에 선정했다고 하셨다.

배역 오디션 때 너무 긴장한 탓에 준비한 것보다 너무 못해버려서 앙상블 '수'가 되었다. 작년엔 앰버에 지원했다가 떨어졌을 때 되게 슬펐했는데 이번엔 앙상블이 된 게 더욱 기뻤다. 〈렌트〉는 작품이 거의 다 앙상블 노래로 구성되어 있기에 내가 도움이 될 수 있다는 게 기뻤다. 작년 셸리처럼 수를 절대 대충 내버려두지 않기로 결심했다.

수는 19살, 에이즈환자다. 부모님도 돌아가셨지만 에이즈를 견디며 애써 웃는 밝은 아이이다. 그리고 내가 맡은 또 다른 역, 마약중독자다. 마약을 하지 않으면 온 몸이 떨리고 버틸 수가 없어서 점점 더 센 약을 원한다. 근데 나는 에이즈에 걸려본 적도 없고 마약을 해본 적도 없기에 어떻게 이 역할을 소화해야 할지 막막했다. 그러나 언니, 오빠들이 많은 도움을 주어서 빨리 습득하면서 다른 사람들을 따라갈 수 있게 되었다. 감사하면서도 시간을 뺏은 것 같아 미안했다.

앞으로 이 작품이 어떻게 완성될지는 잘 모르지만 여태까지 잘 해왔으니 올해도 멋지게 해낼 수 있을 거라고 믿는다. 또 내 믿음에 보답할 수 있게 나 스스로도 최선을 다하려고 노력할 것이다.

현재 내 꿈은 배우가 아닌 댄서다. 배우의꿈은 내가 내 진로를 선택할 수 있게 기회를 주었고, 또 많은 도움이 되었다. 같이 공연한 사람들의 위로와 격려, 용기와 자신감을 얻었고 나쁜 기억은 좋은 기억으로 채워주셨다. 그러기에 배우의꿈은 이미 내 인생에서의 큰 부분을 차지하고 있고 나는 종교 같이 배우의꿈에게 의지하고 있다.

내가 배우의꿈에서 느낀 건 아주 많지만 가장 많이 느낀 건 내 꿈이 얼마나 더 바뀔 진 몰라도 현재의 내가 하는 일에 최선을 다하면 미래의 나는 분명 활짝 웃고 있을 것이라는 거다. 좋아하는 춤으로 직업을 택한 건 배우의꿈의 도움이 크다. 내 꿈이 배우든, 댄서든 또 다른 직업이든 상관없이 내가 좋아하는 일을 열심히 하면 행복하게 살 수 있을 거라고 늘 생각한다.

그리고 나 말고도 내 사람들에게 외부에 의해서가 아닌 자신이 좋아하는 걸로 선택하라고 말해주고 싶다. 앞으로 최선을 다해 내가 좋아하는 일, 해야 하는 일을 하고 싶다.

[뮤지컬 〈렌트〉 공연 장면]

꿈을 꿀 수 있다면 꿈을 실현할 수도 있다

고 범 석
배우의꿈 5기 <렌트> 콜린 역

나의 꿈에 대한 고민은 중학생 때 시작되었다.

"너는 꿈이 뭐니?"라는 질문은 다들 한 번씩 들어봤을 것이다. 이 질문을 들었을 때가 가장 꿈에 대한 고민이 많이 생기게 되고 내가 무엇을 좋아하는지 고민할 수 있는 계기가 된다.

그 질문이 나에게 주어졌을 때 나는 꿈에 대해 확실하게 말을 할 수 없었다. 나에게는 꿈이 없었고 내가 무엇을 좋아하고 무엇을 해야 행복한지 생각해본 적이 없기 때문이다. 나는 어렸을 때부터 운동을 해왔기 때문에 그냥 "운동을 가장 좋아하는 것 같아요."라고 대답했지만 나는 운동을 해서 행복하게 살 수 있다는 생각을 하지 않은 채 형식적인 대답만 했던 것이다.

2016년 12월쯤 고등학교 2학년이 되기 전 나의 진로와 꿈에 대해 다시 한번 진지하게 고민했다.

아무리 생각해도 운동은 안 맞다고 생각하던 중 어느 순간 갑자기 아는 동생이 음악을 한다는 말이 머릿속에 떠올랐다. 나름대로 나도 음악을 평소에 정말 좋아하고 노래를 부를 때는 행복해하는 것 같아서 동생이 다니는 실용음악원에 두 달 동안 다녀보았다. 그런데 이상하게도 실용음악이랑 나랑은 안 맞다고 생각했다.

선생님과 상담하면서 조금 다른 장르인 뮤지컬 쪽으로 노래를 잠깐 배워보았다. "맙소사! 이거였어!" 나는 뮤지컬 노래가 더 감정이 깊고 감동을 주는 노래라 생각해서 뮤지컬을 좋아하게 되고 뮤지컬에 관심을 갖게 되었다.

선생님의 개인 사정으로 수업을 못하게 되었고 나는 교회 전도사님의 소개로 성악 선생님에게 수업을 받아보기로 했다. 성악이 뮤지컬에 많은 도움이 될 것이라 생각하고 시작했는데 평소에 즐겨하던 SNS에서 배우의꿈 5기 모집이라는 걸 보게 되었다.

나는 평소에 무대공포증이 있어서 그걸 극복하고 싶은 마음에 오디션을 통해 합격되지 않더라도 경험을 쌓는다 생각하고 마감일에 지원하게 되었다. 1차 오디션이 시작되고 나는 독백연기를 기억하지 못해 연기를 못했다. 나는 떨어질 거라 생각했지만 합격 공지 날에 합격했다는 공지를 받고 놀라기도 하면서 나에게 가능성이 있는 것 같다는 희망을 가지게 되었다.

2차 오디션은 조금 신기했다. 보컬 수업, 연기 수업, 안무 수업을 받는 과정을 보고 2차 합격을 발표한다는데, 나의 발전 가능성을 보고 뽑으신다는 면에서 정말 좋게 느껴졌다. 2차 오디션을 하면서 느낀 게 있다면 나보다 실력 좋은 사람이 정말 많다는 것이다. 분명 나와 같은 또래인데 달랐다.

결국 2차 공지 날 합격 공지에 내 이름이 적혀있는 걸 보고 정말 기분이 좋았다. 난 정말 무대에 서고 싶어서 열심히 연습했다. 배역 오디션 후 나는 '콜린'이라는 역할로 캐스팅 되었다. 나에게 '콜린'이라는 배역은 정말 많이 과분할 정도의 배역이다. 그만큼 책임감을 가지고 노력하고 있는 중이다.

나의 꿈이 앞으로 나아갈 수 있게 도와주고 있는 배우의꿈에 진심으로 감사하다.

내가 나로 살아갈 수 있다면

김 영 석

배우의꿈 5기 〈렌트〉 미스터그레이/목사/경찰 역

생각하는 것이 인생의 소금이라면 희망과 꿈은 인생의 사탕이다.
꿈이 없다면 인생은 쓰다. – 바톤리튼

얼마 전 사용하던 노트북이 고장 나서 이곳저곳에 보관해 놓았던 사진들을 정리하다가 예전 사진을 보게 되었다. 그때의 내 모습은 정말 말랐고 아파 보이기까지 했다. 그때는 되게 힘들었던 것 같다.

주위 사람들에게 최대한 티내지 않고 밝게 지내려고 했지만 매일 밤 가위에 눌리고 환각 환청에 시달렸고, 내가 언제 어디서 쓰러질지 모른다는 불안감을 안고 살았다. 학교나 학원 길가면서도 몇 번이나 쓰러졌고, 그럴 때마다 주위 사람들이 나를 불쌍한 눈초리로 바라보는 것도 너무 싫었고, 자기 몸 관리는 자신이 해야 된다면서 화를 내시는 부모님이 원망스럽기도 하였다.

그렇게 나는 매일 수많은 약을 복용하며 제발 오늘은 아무 일도 없이 지나가기를 기도하며 살았다. 형제라고는 하나밖에 없는 쌍둥이 형이 공부를 잘했지만 일찍 학업을 포기하고, 처음에는 미술을, 지금은 요리를 하게 되었는데, 부모님의 기대가 나에게 집중되었고, 나는 그 무게를 도저히 감당해 낼 수 없었다.

결국 지금은 괜찮을지 몰라도 고3 때 받는 스트레스를 내가 견뎌내기 힘들 거라는 의사선생님의 조언과 보다 못한 엄마의 판단으로 나는 학교를 그만두게 되었다. 처음에 학교를 그만두게 되었을 때 나는 더 이상 정상적인 삶을 살아갈 수 없을 것 같아 너무 불안했다. 그럴 때일수록 더욱 더 밝은 척을 하며 나는 행복하다는 자기 최면을 해 보았지만 불안은 가중되어갔다.

그러던 찰나에 친구가 자살하게 되었다. 내가 지금 이 말을 이렇게 꺼내도 되는지는 모르겠다. 정말 비극적인 일이었다. 절대 그런 결정을 내릴 만한 친구가 아니었기에 충격은 배가 되었다.

아마 실수였지 않을까 싶다.

장례식장에 다녀오면서 나는 지금까지 내 친구들 중 내내가 가장 불행하다고 생각했는데 그게 정말 잘못된 생각이었다는 것을 알게 되었다. 그리고 이제는 진짜 변해야 되겠다는 필요성을 느끼게 되었고 새 마음으로 운동하기 시작했다.

다시는 도저히 먹을 수 없을 정도의 음식을 충분히 먹으면서 하루도 빠지지 않고 복식장에서 줄넘기, 계단뛰기 등을 하며 체력을 길렀다. 결국 10kg 가깝게 체중을 늘리게 되었다.

이전까지 나는 절대로 살찔 일은 없다고 생각해왔다. 그런데 되지 않는 일은 없다는 걸 깨닫게 되었고 내가 정말로 하고 싶은 일이 무엇인지 생각하게 되었다.

사실 지금까지 난 꿈이 없었다. 그저 하루하루 살아가기 바빴고 학교에서 희망 직업을 조사할 때는 엄마한테 물어봐서 그대로 적어서 내곤 했다. 그래서 친구들이나 부모님이 나한테 너는 꿈이 뭐냐고 물어 볼 때마다 얼버무렸고 자신이 뭐가 되고 싶은지 당당하게 말할 수 있는 친구를 보면 부럽기도 했다.

그렇기에 우선 내가 좋아하는 일, 해보고 싶은 일부터 시작하기로 마음을 먹었다.

혼자 여행을 다녀왔고 시나 소설을 쓰려고 노력했다. 내가 하고 싶은 일이 무엇인지 진지하게 생각해보았고 예전에 간단히 구상했던 발명품 아이디어들도 구체적으로 다시 정리했다.

그러던 중 우연한 계기로 뮤지컬 오디션을 보게 되었고 당당히 합격하여 8월 24일부터 8월 27일까지 국립극장에서 뮤지컬 〈렌트〉 공연에 '미스터 그레이, 목사, 경찰' 역으로 참여하게 되었다. 최근 일 년 사이 내 모든 것은 예전에 상상조차 할 수 없는 모습으로 변하였고 지금 나는 더할 나위 없이 행복하다. 진심으로 나는 행복해졌다.

[뮤지컬 〈렌트〉 공연 장면]

별이 되고 싶다면 도전하라

박 지 연
배우의꿈 5기 〈렌트〉 마크엄마/알리 역

지금도 한참 어리긴 하지만 더 어렸을 때부터 '끼'라기보다 내 몸이 반응해 춤추는 것을 아주 좋아했다. 학예회에서 센터는 기본이었으며 솔로파트는 당연한 것이었다.

하지만 춤조차 뛰어넘을 정도로 좋아한 것이 있었는데, 그림 그리기였다. 어렴풋이 기억해보자면 나의 첫 장래희망은 화가였을 것이다. 그 장래희망이 정해지고부터 춤을 잊고 살아왔다.

그러다가 어느 계기로 초등학교 방과 후 수업에서 댄스를 배우게 되었다. 선생님께 칭찬을 받았고 언니들은 질투했다. 조금 무서울 정도로. 그러나 계속해서 방과 후 수업에 다녔고 가장 사랑받는 대표가 되었다. 학교 발표회에서 난 내가 주도해 춤을 알려주었고, 스스로 만들어 발표까지 했다.

이런 경험을 통해 장래희망이 '배우'로 바뀌었다. 앞뒤가 안 맞는 것 같다. 왜 춤을 배우면서 배우에 대한 꿈을 갖게 되었는지 말이다. 이유는 한 가지밖에 없다. 창피해서다. 가수, 댄서, 이 모든 직업이 뭔가가 창피한 느낌이다.

그것만이 아니다. 배우라는 것도 질리게 물어보지 않는 이상, 가르쳐주지 않았다. 그렇게 중1까지 내 꿈을 창피하게만 생각하고 다녔다. 중2 때 배우의꿈 오디션을 기회삼아 아무 생각 없이 지원했다. 당연히 난 탈락했고, 그것이 내 실력 때문이라고만 생각했지, 뭔가 내 생각 자체에 문제가 있다고는 상상도 못했다.

난 배우의꿈 4기 워크숍 수업을 들으며 내 자신이 정말 간절한지 굳이 배우가 하고 싶은지에 대해 생각하게 되었다. 환희 선생님과의 워크숍 수업시간에 들었던 말씀이 생각난다. 몇 기 오디션에서 어느 한 배우가 소방차 춤을 췄다고 한다. 그 이유인즉 계속해서 오디션을 보시는 심사위원 분들을 위해 조그마한 재롱을 준비했다는 것이다. 솔직히 신선한 충격을 받았던 것 같다. 그 오디션장에서 내 모든 끼를 보여주려고 해도 부족한데, 자기가 잘할 수 있는 것이 아닌 남을 배려할 수 있다는 것 말이다.

이 정도가 내 작은 이야기다. 난 배우의꿈을 만나 많은 것이 바뀌었다고 생각한다.

심지어 가장 기초인 '가장 중요한 것은 즐기는 것'과 '항상 겸손하게 예의 있게 책임감을 가지고 끝까지'도 잊고 살아온 것 같다.

그리고 지금 가장 중요하게 하고 싶은 말인 내 좌우명을 이야기하려 한다. 내 좌우명이자 이 글의 제목인 "별이 되고 싶으면 도전하라."다. 도전하는 것 자체도 좋다. 하지만 그 도전을 하기 위해 노력한 시간들이 나에게 피와 살이 될 수 있다. 우린 그 시간을 잊을 수 없을 것이다. 그리고 나에겐 더더욱 많은 내 좌우명이 있는데 "모든 것을 긍정적이게 받아들이자."인 것 같다.

난 앞으로 하나의 목표를 정해 도전할 것이며 그 모든 시간을 후회하지 않도록 만들고 소중히 여길 것이다.

난 내가 꾸는, 우리가 꾸는 모든 것을 응원하고 자랑스럽다고 생각한다.

평범한 나의 특별한 이야기

박 소 희
배우의꿈 5기 〈렌트〉 조앤 역

나의 꿈이 만들어진 이야기다. 뒤늦게 깨달았는데, 난 어려서부터 끼가 많았던 것 같다. 개다리 춤을 그렇게 잘 췄다던데, 다섯 살 때, 개다리 춤에 관해 기억나는 두 가지 사건이 있다.

하나는 우리 고모가 결혼식을 올릴 때였다. 그때 수백 명의 하객 앞에 나가서 갑자기 특유의 귀여운 표정을 지으며 개다리 춤을 추었다고 한다.

다른 사건은, 엄마 아빠랑 지하철을 타고 가다가 갑자기 가운데 통로로 튀어나와서는 또 개다리 춤을 췄다고 한다. 모르는 사람들 앞에서 재롱잔치를 한 셈이다. 다행히 무료공연은 아니었다. 그때 어떤 할아버지께서 너무 기특하고 귀엽다며 손에 만 원짜리를 꼭 쥐어주셨다.

그때부터 나는 스스로 흥 많은 여자로 만들어간 것 같다. 초등학교 저학년 때까지는 흥을 주체하지 못하는 깜찍한 아이였는데, 10살을 기점으로 고학년이 되면서 급 모범생이 되었다. 갈색뿔테 안경을 쓰고,

구몬, 눈높이, 수학학원, 논술학원, 등등 안 다녀 본 학원이 없었다.

그렇게 살아가던 어느 날, 6학년 때 우연히 각시탈이라는 드라마에서 배우 주원을 알아가면서 '배우'라는 직업에 관심을 갖게 되었다. 당시에는 어린 마음에 '주원과 같이 드라마나 영화 속에서 연기 하고 싶다.'는 꿈을 가지게 되었다.

하지만 우리 집안 분위기 자체가 '정석', '평범함'을 좋아하는 분위기여서 선뜻 내 꿈에 대해서 이야기하지 못했다.

어느 날, 아빠가 영화 한 편을 다운받아 오셨다. 제목은 〈레미제라블〉 뮤지컬 영화였다. 책으로 읽었을 때 딱히 임팩트가 없었기 때문에 별로 기대하지 않았다.

하지만 영화가 시작되었는데, 우리 집 안방에서 봤음에도 불구하고 이상하게 온몸에 소름이 돋으며 전율이 흘렀다. 보는 내내 눈물이 앞을 가려서 혼났다. 자신들의 꿈을 지키고 싶어 하며 울부짖던 배우들의 노래와 연기가 상상 이상으로 신선한 충격이었다.

그날 이후 나는 거의 2주 동안 여운이 남아 후유증에 시달렸다. 왠지 모르게 내가 저걸 해보고 싶다는 생각이 들었다. 정말 이유는 모르겠다. 끌리는 데 이유가 어디 있을까.

아마 그날부터 내 사전에선 찾아볼 수도 없었던 '뮤지컬 배우'라는 꿈을 갖게 되었다.

사실 내 사전에 없다고 단정 지어버리긴 아쉽다. 의사를 꿈꿨던 초등학교 때도 학교에서 노래 꽤나 잘 하는 아이로 인식되어서 합창이면 합창, 중창이면 중창, 독창이면 독창, 노래에 관련된 것이라면 한 치도 주저 없이 참여했고, 또 내가 없으면 이상한 게 되었다. 그리고 매 순간 무대 위에서 노래를 부를 때마다 난 너무 행복했다. 이런 점들을 봤을 때 그렇게 가능성이 없는 건 아니었다.

내 마음이 움직이는 건 어쩔 도리가 없었다. 그날 이후 내 꿈은 뮤지컬 배우로 자리 잡았고, 뮤지컬을 보거나, 생활 속에서 간접적이든, 직접적인 경험들을 하면서 그 꿈은 더욱 더 단단하게 내 마음속에 자리 잡았다.

나는 내 꿈을 이뤄내기 위해 부모님에게 별 짓을 다 했던 것 같다. 울고불고, 편지도 써보고. 하지만 부모님은 이 길이 안정적이지 않고 험난하다며 끝까지 반대하셨다. 그러던 어느 날 내 진심이 어느 정도 통했는지 어디 한번 해보라고 하셨다.

시작이 반이지만, 앞으로 나아가야 할 험난한 길이 더욱 더 많다. 난 배우의꿈이라는 프로젝트를 하면서 내 꿈에 대한 확실성을 찾을 것이고, 상상 이상으로 단단해질 것이다. 이 책이 세상에 나올 때쯤, 그 결실이 맺히리라 믿는다. 그 어떤 역경이 와도 내 소신을 지키며 내 꿈을 지키고, 이룰 것이다.

한 번뿐인 인생, 공부하고 대학 가서 직장생활을 하면서 평범하게 살고 싶진 않다. 물론 요즘에 그것도 힘들지만 이것도 힘들고 저것도 힘들고 다 힘들다면 이왕 내가 좋아하는 일을 하면서 힘든 게 더 나은 건 당연하다. 내 인생은 내가 만들어갈 것이다.

꿈은 참 대단한 힘을 지녔다. 우리는 연기할 때 그 인물의 목표, 목적만을 바라보고 연기를 한다. 목표가 있을 때와 없을 때의 연기의 깊이는 차원이 다르다.

잠시 잠깐 연기할 캐릭터의 목표를 찾은 것만으로도 벅차오르는데, 내 인생의 목표가 생겼다는 것, 그것만큼 행복하고 안도감이 있는 일이 또 있을까 싶다.

그래서 우린 꿈을 찾아야 한다. 장래희망 직업뿐만이 아니라, 당장 일상에서 소소한 꿈들을 찾아가야 한다. 한 번뿐인 인생을 매 순간 간절하게 살기 위해서.

[뮤지컬 〈렌트〉 공연 장면]

꿈의 impact

심 정 환

배우의꿈 5기 〈렌트〉 고든/경찰 역

나는 심정환이다. 꿈을 가지고 있지 않았던 심정환은 아무것도 하지 않았다. 하지만 꿈을 가진 현재 심정환은 하나하나씩 차례대로 그 꿈을 이루기 위해 현재 열심히 노력하는 중이다. 꿈을 가지고 있지 않았던 나는 그냥 매일 같이 폰 하고 친구들이랑 피시방 가고 그냥 의미 없는 하루, 즉 시간을 버리는 행동으로 매일을 보냈다.

그런데 내가 중2 때 의미 없이 지내는 하루 중 내 친구가 연극부라는 동아리에 들어가자고 했다. 혼자서는 부끄러워서 못 들어가겠다며 같이 들어가자고 부탁했는데, 나는 어차피 갈 동아리도 없는 상황이어서 같이 연극부에 들어가게 되었다.

떠밀려온 터라 아무 생각 없이, 어떤 기대나 열정도 없었다. 그런데 배역을 정해야 한다며 각각 오디션 비슷하게 자기만의 특기를 준비해 오라고 했다. 나는 이렇다 할 특기가 없어 초등학교 때 배운 마술을 보여주며 어느 대본에 있는 몇 문장의 대사를 읽었다.

결국 대사가 있는 배역을 맡았다.

솔직히 그때까지만 해도 그만 두고 싶은 마음도 있었다. 그런데 친구가 계속 같이 나가자고 하여 항상 어쩔 수 없이 연습에 참여했다. 그렇게 내 황금 같은 방학은 사라지고 매일매일 연습하게 되었다.

그런데 여기서 '카르페디엠'이라는 대사가 있었는데 이 대사가 내 머릿속에 가슴속에 박히면서 계속 생각이 났다. 카르페디엠은 "지금 현재에 충실하라."라는 뜻인데 마치 나에게 하는 이야기처럼 들렸다. 그래서 지금 주어진 연극부에 충실하자는 의미에서 최선을 다했다.

결국 중학교 2학년, 〈죽은 시인의 사회〉 공연을 올렸다. 연극은 말로는 설명하기 어려운, 태어나서 처음 경험하는 새로운 세계였다. 계속 하고 싶은 마음에 중학교 3학년에 올라가서도 연극부를 계속 했다. 그리고 고등학교까지 뮤지컬 동아리가 있는 곳에 진학하고 싶었지만, 현실적으로 어려움이 있었다.

그래도 최대한 노력하여 중학교 3학년 때 내신을 많이 올렸다. 결국 아슬아슬하게 원하는 고등학교에 갈 수 있었다.

그곳 뮤지컬 동아리에 들어가서 고등학교 1학년 때 〈그리스〉라는 작품에서 '대니'라는 역할로 남자주인공을 맡았다. 이때 나는 고등학교에 올라와서 스스로 오디션을 봐서 남자주인공이 됐다는 게 너무 기뻤고, 이어서 고등학교 2학년 때 〈올슉업〉이라는 작품까지 했는데, 또 한 번 남자 주인공을 맡게 되었다.

이렇게 나는 〈그리스〉, 〈올슉업〉 작품 두 개를 올리면서 서울에서 하는 배우의꿈 프로젝트가 있는 걸 알게 되었고, 여기에 신청하여 합격하였다. 그래서 너무 행복했다. 솔직히 배우의꿈에 떨어졌으면 의기소침해져 아마 다른 쪽으로 다시 생각해봤을 것이다.

그런데 나는 배우의꿈 프로젝트에 합격하고 또 한 번 큰 배역을 생각했지만, 오디션에서 제대로 실력을 발휘하지 못하고 오히려 다른 사람들의 실력을 체감하면서 나는 진짜 우물 안 개구리라는 생각을 많이 하게 되었다.

이런 과정을 통해 이제 확실히 내 꿈의 방향을 알게 되었다. 이제는 그냥 뮤지컬배우, 영화배우에서 멈추는 것이 아니라 이곳 배우의꿈처럼 배우가 꿈인 사람들을 모아 많은 사람의 꿈을 이루는 데 돕고 싶다.

오직 오늘뿐

장 유 진
배우의꿈 5기 〈렌트〉 로저엄마/거지 역

언젠가 꼭 내 이야기를 글로 써 보고 싶다는 생각을 하긴 했으나 이렇게 빨리올 줄은 꿈에도 몰랐다. 당장에 흰 화면을 앞에 두고 타자를 치자니 너무 막막하기도 했다. 그러다 문득, 이 흰 화면이 내 꿈 이야기와 비슷하게 느껴졌다.

어디서부터 시작해야 할지, 무엇을 적어내려 가야 할지, 누구도 예상할 수 없고 심지어 나 자신조차도 모른다. 하지만 무엇이든 그려낼 수 있다. 이게 바로 지금 2017년의 내 꿈 아닐까.

나는 흰 화면 가득히 뮤지컬이라는 글자를 채워 넣고 싶다. 초등학교 5학년 수업시간 때 뮤지컬 영상을 우연히 보고 생전 처음 느끼는 설렘을 느꼈고, 그 이후로 자주 듣던 가요들을 모조리 뒤로 한 채 뮤지컬 노래로 삶을 채워갔다.

본격적으로 '뮤덕'이 된 건 중학교 3학년 때나 돼서다. 그 전에는 몇몇 유명 뮤지컬 노래만 찾아듣는 수준이었는데 그 이후로는 정말 종류와 상관없이 모조리 찾아보기 시작했다. 한 달에 한 번 꼴로 뮤지컬을 보러 가고, 처음으로 '뮤지컬 회전문(똑같은 공연을 여러 번 보는 것)'이라는 것도 돌아봤다.

지갑은 말라갔고 버스비나 식비를 아껴 돈이 모일 때마다 티켓을 예매했다. 다른 아이들이 가요를 듣고 아이돌을 좋아할 때 나는 뮤지컬 노래를 듣고 뮤지컬 배우들을 좋아했다. 뮤지컬을 보고, 노래하고, 연기하는 게 너무 재미있었다.

그 과정에서 조그마한 학생공연 무대에 설 기회도 갖게 되었다. 배우의꿈 프로젝트 5기 모집을 손꼽아 기다리던 도중 모집공고가 뜨자마자 서류를 접수했다. 학원도 레슨도 다니지 않는 나에게 교육의 기회라는 건 너무도 소중한 것이다.

'정말 후회 없이만 하자.' 마음을 다지며 오디션을 봤다. 솔직히 후회가 남지 않았다면 거짓말이겠지만 그래도 열심히 했다. 정말 기적적으로 1차 오디션에 통과했고, 워크숍 수업을 받게 되었다. 워크숍 수업은 정말 상상 그 이상으로 재미있었다.

한 번도 받아본 적 없는 새로운 방식의 수업이었다. 그리고 또다시 기적이 일어나 최종합격까지 오게 되었다.

그 오디션 과정 자체를 즐겼던 것 같다. 조금 이상하게 들릴지는 모르겠지만 떨리는 느낌조차 재미있었고 소중한 경험이었다. 여기 와서 뼈저리게 느낀 것 중 하나가, 내가 정말 실력이 부족하다는 것이다. 배우의꿈에 모인 친구들을 보면 정말 전국 각지에서 노래 잘하고 연기 잘하는 친구들이 죄다 모여 있는 것 같다. 학원이나 레슨 경험이 있는 친구들도 많고, 심지어 인터넷 검색하면 인물 정보가 뜨거나 이미 프로 데뷔 경험이 있는 친구들도 있다.

그 애들 사이에 내가 껴 있으니 이질감이 느껴졌다. '내가 여기에 있어도 되나?' 하는 마음이었다. 솔직히 어느 하나도 뛰어나게 잘하지 못하는데 그런 나 자신이 한심하게 느껴졌다. 그러나 이젠 지금 나 자신을 탓하기보단 그냥 지금 내가 하고 있는 것에 충실하려고 한다. 지금 이 순간, 현재의 즐거움과 의무에 더 열중하는 편이 발전가능성을 높이는 데 더 좋을 것 같다.

나는 내 꿈을 진심으로 사랑한다. 만일 내 꿈으로 도화지를 채워보라고 하면 난 처음부터 끝까지 뮤지컬만 적어 넣지 않을까. 이제 내 삶은 뮤지컬과 떨어뜨릴 수 없을 정도로 긴밀하게 밀착된 관계다. 무언가에 이렇게 미칠 수 있다는 건 참 행복한 일이다. 그걸 직업으로 연결시킬 수 있고 그 무언가를 하루 종일 배우고 있음에 감사한다. 올여름은 아마 내 꿈 이야기에서 빼놓을 수 없는 중요한 이야기가 될 것 같다.

배우의꿈은 내게 멍울져 있던 꿈을 세상 밖으로 꺼내주고 있다. 혼자서 빠져나가길 원하던 간절한 꿈을 끄집어서 세상의 빛을 보여주고 있다. 내 꿈이 모두 세상에 나오기까진 아직 많은 연습, 노력, 시간이 필요할 것이다. 그러나 지금 그 시작 정도는 해볼 수 있지 않을까.

그 탈피를 도와주고 계신 우리 배우의꿈 선생님들과, 같이 빛을 보기 위해 달려가는 우리 친구들이 있기에 지금의 나는 행복하다.

내가 언젠가 빛을 보게 되는 날이 온다면, 정말 좋은 뮤지컬 배우가 되고 싶다.

그리고 너무 멀고 큰 꿈이지만, 좋은 배우가 된 후엔 배우의꿈에 조그마한 도움이 되고 싶다. 이게 지금까지는, 17살일 때 장유진의 꿈이다. 그 꿈을 위해 노력하는 현재를 사랑할 것이다. 당장 다가올 하루를, 1시간을, 1분을, 1초를 후회되지 않게 충실히 살아가고 싶다. 그게 행복이라고, 뮤지컬 〈키다리 아저씨〉의 제루샤가 말했다.

“행복이란 두려움을 이기는 것. 그걸 배웠죠. 행복이란 그 미지의 두려움을 떨쳐내는 것. 미래를 두려워 할 필요 없어. 행복의 비밀은 그 비밀은 바로 현재를 살기. 이 순간 지금 살아있는 이 순간을 느끼면서 살기.”

미래를, 알 수 없는 내 꿈을 이루기 위해 노력하는 이 순간을, 이 하루를 사랑하고 싶다. 그게 행복의 비밀이기도 하다. No Day But Today, 오직 오늘뿐이니까.

뭘 하든 힘이 든다면
난 내가 원하는 일을 할 거야

장 아 침
배우의꿈 5기 〈렌트〉 미미엄마/상인 역

내 꿈은 무엇일까? 내 꿈은 한계가 없는 좋은 배우이자 영화감독이다. 여기서 한계가 없다는 것은 배역과 장르의 한계를 말하고 좋다는 것은 좋은 사람을 의미한다. 왜냐고 물어본다면 글쎄 뭔가 논리적인 이유가 있어서는 아니다.

그냥 어쩌다보니 내가 이 직업을 사랑하게 되었고 또 내가 사랑한다는 것을 알게 되었을 뿐이다.

지금은 배우의꿈 프로젝트 5기를 통해서 내가 사랑하는 이 직업이 나와 적성에 맞는지를 알아보는 중이다. 사실 내가 이 직업을 사랑하는지를 알게 된 것 또한 배우의꿈 프로젝트 4기 때의 기억 덕분이다.

불과 1년 전의 난 내 꿈이 배우라는 사실을 숨기던 아이였다. 난 어릴 때부터 노래 부르고 춤추기를 좋아했다. 그리고 항상 주변 사람에게 가수가 될 거라고 이야기했다.

그러던 어느 날 초등학교 2학년이었을 때, 엄마가 드라마 〈선덕여왕〉 재방송을 보고 계셨는데, 나도 옆에 앉아 같이 보았다. 그러다가 극중 미실 역을 맡았던 고현정 배우의 연기를 따라하다가 처음으로 배우가 하고 싶다는 생각이 들었다.

그때부터 '배우'라는 개념이 없었던 나는 주변에 "난 연예인이 될 거야!"라고 말하고 다녔다. 하지만 나의 그 꿈도 지금까지 쭉 이어졌던 것은 아니었다. 중학교에 입학한 뒤로 3학년 초반까지 꿈이 없는 아이였으니까. 아니 꿈을 말하지 못하는 아이였다고 해야 하나?

물론 나는 내가 배우가 되고 싶다는 것을 알았다. 그러나 남들에게 난 배우가 되고 싶다고 이야기 하지 못했다. "네가 무슨 배우야."라는 비난을 받을 것 같았기 때문이었다. 하지만 그뿐만이 아니었다. 배우가 되고 싶었지만 내가 꿈을 꾼 그 순간은 너무 어렸고 또 너무나 갑작스럽게 들었던 생각이었기 때문에 '그냥 어린 마음에 주목받는 스타가 되고 싶었던 거겠지.'라고 생각했다.

그렇게 나 스스로 부정하며, 상황을 회피했지만, 난 배우가 되고 싶고 연기하고 싶은 마음을 버리진 못했다.

다시 내 심장을 뛰게 해주는 무언가를 찾으려 했지만 무대에 선다는 것만큼 나를 떨리게 하지 못했다.

역시 난 배우가 되고 싶었다. 하지만 여전히 난 내 꿈이 배우라고 말할 수 없었고 스트레스에 시달렸다. 그러다 스트레스를 풀기 위해 시나리오를 쓰는 취미가 생겼고 배우와 가까운 영화감독이라는 꿈을 가지게 되었다.

난 내 꿈이 좋았다. 왠지 영화감독이 되고 싶다는 말로 배우와 관련된 무언가를 많이 할 수 있을 것 같았기 때문이다. 그리고 그런 생각은 진짜 현실이 됐다.

3학년 때 우연히 학교 진로 선생님이신 김현희 선생님과 상담을 하면서 내 꿈이 배우라는 것을 선생님께서 알게 되셨고 나에게 배우의꿈 프로젝트라는 것을 소개해 주시며 이곳에 가보라고 하셨다.

난 굉장히 당황했다. 정말 아무런 준비가 되어있지 않은 상태였기 때문이다. 할 줄 아는 것도 없었고 뭘 해야 하는지도 몰랐다. 게다가 부모님께는 뭐라고 말씀드려야 할지 막막했다. 결국 난 영화감독이 되고 싶으니 이 프로젝트에 참여한다면 나에게 많은 도움이 될 것이라는 핑계를 대고 4기 원서를 내고 오디션을 보러 갔다.

물론 결과는 탈락이었다. 준비된 것도 없었고 아는 것도 없었으니 당연한 결과였다. 하지만 프로젝트 중에 체험수업을 받을 수 있는 프로그램이 있어서 여기에 참여했는데 조금만 힘들어도 하기 싫어하고 포기했던 내가 안무 수업을 체험할 때 몸은 힘들었지만, 내 안에 차오르는 열정을 발견했다.

난 알게 되었다. 내가 정말 배우가 되고 싶다는 것을. 그리고 이제 그것을 부모님께 말씀드릴 일만 남았다.

두려웠지만 용기를 낼 수 있었던 이유는 김영봉 감독님께서 말씀해 주셨던 "부모님도 설득하지 못하는데 어떻게 배우가 되어서 관객을 설득하겠어."라는 말씀 때문이었다.

나는 용기를 내서 엄마와 동생에겐 말로 아빠에겐 편지로 말을 꺼냈다. 울고불고 많은 일이 있었지만 결국 "네가 고등학교 1년 동안 전교에서 30등을 찍는다면 배우의 꿈을 이룰 수 있도록 지원해 주겠다."는 약속을 받아냈다.

그리고 지금 아빠는 약속을 지키고 있다. 내가 배우의꿈 5기가 될 수 있도록 지원해 주셨으니까 이제 나만 약속을 지키면 된다.

[뮤지컬 〈렌트〉 공연 장면]

나의 미래

김 모 세
배우의꿈 5기 〈렌트〉 콜린 역

나는 어려서부터 TV, 영화 보는 것을 좋아했다. 그 덕에 부모님으로부터 많이 혼나기도 했지만, 내 관심은 그쪽으로 기울어져 있었다. TV나 영화 속에 나오는 배우들, 그뿐만 아니라 등장하는 모든 사람이 신기해 보였고, 많은 사람이 본다는 생각에 흥미진진했다.

그렇지만 어렸을 때는 배우가 되고 싶다는 생각을 해본 적이 없었다. 어떻게 접해야 하는지도 몰랐고 그냥 관심만 있는 정도였다. 그래서 나는 쭈욱 평범하게 자라왔다. 그냥 태권도를 좋아해서 태권도 선수가 되고자 했다.

대회에서 금메달도 많이 따면서 태권도장에서 이 길에 재능이 있다며 권유하셨다.

그러나 사춘기가 다가오면서 태권도에 흥미를 잃었고, 그 후로 꿈이 없는 평범한 아이로 성장해 왔다. 시간이 흐르면서 이제 입시는 다가오는데 꿈이 없는 평범한 김모세일 뿐이었다. 부모님은 걱정되셨는지 잔소리가 많아졌고, 나는 때로 혼나기도 했다. 성적은 평범했고, 재능도 찾지 못했고, 꿈도 없었지만, 그 즈음에 부모님의 잔소리가 무척이나 싫었다.

지금 생각하면 이해가 되고 너무 죄송한 일이지만 그 당시엔 나밖에 모르는 이기적인 놈이었던 것 같다.

그 후로 친구들과 많이 놀러다니다가 집에 들어가는, 이런 일상이 반복되었다. 그런데 친구 한 놈이 자기는 꿈이 배우라고 했고, 학원에 등록하러 가는데 혼자 뻘쭘하다며 같이 있어 달라고 부탁했다. 어려운 일이 아니어서 흔쾌히 허락했다.

나도 사실 이쪽 길에 관심이 있어 궁금했고, 연예인 보는 것마냥 신기하기도 했다. 학원에서 나는 친구와 함께 상담실에 같이 앉아 있었다. 그런데 학원에 들어서자마자 땀 냄새가 무척이나 났는데 내가 이제껏 맡아봤던 땀 냄새 중에 제일 좋은 땀 냄새였다.

그곳엔 내 또래 아이들이 많았고 그 아이들은 꿈을 이루기 위해 무척이나 열심히 훈련하고 있었다.

나는 그냥 따라가서 구경만 했는데, 가슴이 너무나도 뛰었다. 오히려 친구는 무덤덤했는데, 내가 더 긴장했다.

그 이후로 오로지 한 생각밖에 안 떠올랐다. 너무 해보고 싶었다. 부모님의 반응이 예상이 되었지만 너무도 도전해보고 싶은 분야였다.

그래서 나는 그 학원을 나온 이후로 부모님을 설득시키기로 마음을 먹었다.

저녁에 부모님과 상담을 했고 부모님 역시 불투명한 내 미래가 걱정이 된다면서 반대하셨다.

하지만 나는 의사를 굽히지 않았다. 부모님은 아들의 처음 보는 모습에 일주일이 지나고 허락해 주셨다.

나는 정말 기뻤고 정말 열심히 하기로 마음을 먹었다. 하지만 19살 후반기에 시작했기에 재수할 수밖에 없었고, 그동안 배우가 되고 싶은 열정을 다 쏟으며 생전 처음 배우는 노래와 연기에 매진했다. 그리고 결국 대학에 합격했다.

부모님은 기뻐하셨지만, 한편으론 걱정하셨다. 그래서 나는 대학에서도 실력으로 보답해야겠다는 생각을 가지고 있다.

그래야 부모님이 걱정 없이 아들을 믿고 지지해 주시고, 함께 기뻐해 주실 것 같기 때문이다.

1학년 때 열심히 훈련을 했고, 2학년이 되어 첫 공연 〈웨스트사이드 스토리〉를 하게 되었다. 가족을 초대했는데, 그날 무척 긴장하던 기억이 난다. 그 앞에서 연기를 하며, 댄스컬에 신나는 춤을 추었는데, 그때 부모님의 얼굴이 기억난다. 미소를 띠며 눈물을 흘리셨다. 매우 뿌듯하면서 알 수 없는 감정이 일었다. 가슴이 꽉 채워지는 행복한 시간이었다.

그 후로 부모님은 나를 무척이나 응원하고 엄청나게 지지해주신다. 그래서 부모님 덕분에 지금까지 쭉 공연을 잘 올릴 수 있었고 좋은 작품도 많이 만나고 어른스러운 김모세가 될 수 있게 해주시지 않았나 싶다. 그 덕에 지금 배우의꿈 모든 분들과 공연 작업도 할 수 있는 행운도 갖게 되었다. 나의 미래가 더욱 기대되는 2017년 현재다.

[뮤지컬 〈렌트〉 공연 장면]

경험은 끝이 없는 것

임다빈
배우의꿈 5기 〈렌트〉 학생연출

나는 학생 스태프다. 그러나 나는 사실 배우의꿈을 알기 전에는 스태프에 대한 상식이나 관심이 없었다. 운동만 하는 아이였을 뿐이다.

어릴 때 한 친구에게 맞고 온 뒤로 아버지께서 집 근처에 있는 태권도장에 다니게 했고 그때부터 9년 동안 태권도를 했다. 팔이 부러져도 다음 날이면 팔에 붕대를 감고 운동을 했다. 이렇게 운동을 좋아하고 공부는 못하던 내가 스태프에 관심을 가진 이유가 있다.

나는 4기 때 배우 오디션을 봤다. 여기에서 떨어지고 나서 지원한 학생들을 위한 워크샵 수업에 참가했다. 그곳에서 배우 말고도 많은 직업이 있다는 사실을 알게 되었는데, 조명스태프, 음향스태프, 무대제작 등 앞에서 나서지 않고 뒤에서 천천히 도와주는 역할이 있었다.

나도 초등학교 때는 회장이나 부회장을 많이 했으나 중학생이 되고 나서부터 다른 사람들에게 재능을 보여주는 것이 부끄럽게 느껴지고, 친해져야만 농담도 하고, 재미있는 모습도 보여줄 뿐이었다.

이런 나는 중학교 3학년이 될 때까지 확실한 꿈이 생기지 않았다. 그렇기 때문에 인생을 더 많이 살아온 엄마의 말을 따라서 이것저것 체험도 해 보고 하기 싫은 것들도 경험했다. 그러다 이제 고등학교 입학 지원서를 쓰면서 새 길을 찾기로 결심했다.

스태프란 직업에 관심이 생기면서 학교 선배들이 꽤 들어간 한강미디어고등학교에 지원하게 됐다. 1차 서류합격하고, 2차 심층면접을 봤다. 그동안 동작 청소년 의원회에 들어가기 위해 면접도 보고 보라매 청소년위원이 되기 위해 면접을 보는 등 여러 경험 때문인지 전혀 떨리지 않았다.

그렇게 나는 한강미디어고등학교에 붙게 되었고 방송기술과에 들어가게 됐다. 그리고 배우의꿈 5기 선발 공지가 나왔다. 이번에도 배우에 도전해볼까 아니면 스태프를 할까, 고민했는데, 학교도 방송 쪽으로 특성화되어 있어 스태프에 지원하게 됐다. 뒤에서 밀어주고 도와주는 것이 더 잘 맞는 것 같다는 생각 때문이다.

스태프가 되기 위해서도 면접을 봐야 했고 이와 관련된 지식은 없어도 전부터 많이 해본 면접이라 많이 떨리지 않았고 아는 선에서 최선을 다해 대답했다. 그렇게 배우의꿈 5기 학생스태프가 되었고 지금까지 하면서 힘든 것이나 당황스러운 일들도 있었지만 지금까지 해온 일들보다 더욱 값지고 대단한 경험이라고 생각한다.

경험이란 것은 끝이 없기 때문에 이거 또한 나의 꿈이 아니라 경험이라 생각하고 최선을 다할 것이다.

Part 4.
꿈을 꾸는 당신에게

꿈 이야기

서 재 경
배우의꿈 연기감독, 홍보대사
5기 협력연출

8살의 어린 나이에 시작하여 28년이란 세월 동안 '배우'라는 한 직업을 가지고 살아왔다. '과연 이게 나의 꿈이 맞는가?' 나 역시 그런 의문이 들 때도 많았다. 내 꿈은 과거형도 미래형도 아닌 현재 진행형에 있다. 지금도 역시 그 꿈을 먹고 자라고 있다.

꿈이란 사전적 의미로 잠자는 동안에도 깨어 있을 때와 마찬가지로 여러 가지 사물을 보고 듣는 정신 현상이라고 하지만, 내가 생각하는 꿈은 배우에게 그 길을 가는 데 있어서 자양분 같은 것, 소망, 희망, 결과라고 볼 수 있다.

여기서 서재경의 꿈 이야기를 잠깐 해볼까 한다. 유년기 시절 내 꿈은 누구나 한 번쯤 생각해 보는 대통령이었다. 이 세상과 어른들의 생각을 바꾸고 싶다는 생각이었다. 한편 축구선수가 되기 위해 브라질로 보내 달라고 부모님께 떼를 썼다가 오히려 만류하시는 부모님께 설득당하기도 했다.

그렇게 수많은 꿈을 꾸며 성장하던 중 배우이신 부모님 사이에서 나도 모르게 배우라는 꿈이 싹트기 시작했다. 소년기 시절 아역배우 활동을 통해 스타가 되고 싶고 부자가 되고 싶다는 막연한 꿈에 가득 차 있었다. 지금 생각해 보면 정말 부질없는 생각이었다. 이제 청년기에 접어든 지금의 꿈은 과거에 비해 조금 더 확실해지고, 좀 더 명확해지고, 구체적으로 변한 것 같다.

내 꿈은 이렇다. 첫째, 서재경이란 이름을 걸고 SKY(서울대, 고려

대, 연세대)에 연극영화과를 만드는 것이다. 둘째, 약 5,173만 6,244명(2017년 대한민국 인구수)에게 인정받는 국민 배우가 되는 것이다. 셋째, 부끄럽지 않고 진솔하고, 진실하며, 진짜 배우가 되는 것이다.

내 꿈은 이렇게 정의할 수 있을 것 같다. 내 꿈을 이루지 못할 수도 있다. 허무맹랑하다 생각할 수도 있다. 하지만 우리의 꿈에 돌을 던지는 이는 없을 것이다.

배우의 꿈을 가진 분들에게 고하고 싶다. 그 꿈을 꾸되 간절함과 절실함, 초심을 잃지 말길 바란다. 듣고 보고 느끼고 말하고 행동하길 바란다. 그 험난하고 고되고 고독한 길에 스스로 책임지길 바란다.

언제나 응원을 보내며 그 꿈이 이루어지길 간절히 기원한다. 나 또한 배우의 꿈을 가진 분들과 그 길에 동행하는 영원한 동반자가 될 것이다.

[배우의꿈 5기, 뮤지컬 〈렌트〉 연습 중]

안무가, 무용가로서의 꿈

장 연 실
배우의꿈 안무감독

'꿈'이란 단어는 '희망'이란 단어를 떠올리게 한다. 선생으로서 으레 학생들에게 잔소리하는 두 단어일 것이다. 하지만 우리가 살아가는 힘든 세상에 꿈과 희망이라는 목표가 없다면 우리 인생은 암울할지도 모르겠다.

나는 초등학교에서 무용을 배우긴 했지만 늦은 나이에 다시 전문적인 무용 트레이닝을 시작했다.

무대를 꿈꾸며 그것을 실현시킬 용기와 기회는 그 자체만으로 나에게 행복이었다. 무용하는 사람들에게 흔하게 일어나는 부상들, 때론 심각하게 걸을 수 없었던 때에도 포기란 것을 생각해본 적이 단 한 번도 없었다.

한번은 공연 연습 중에 발목을 크게 다쳐 한 달 동안 연습에 참관하고 있었을 때가 있었다.

당시 나는 무용단의 메인 무용수였지만 서브 무용수가 내 역할을 대신하는 모습을 바라볼 수밖에 없었다. 내가 아니면 안 될 것 같았던 일들이 너무나 잘 흘러가는 것을 보고 마치 소설 속 한 인물이 중간부터 사라진 것 같은 기분이 들었다.

나는 자만하거나 자존심이 센 편도 아니지만, 자존감이 한없이 작아져만 가던 그때, 머릿속에 무대와 조명 나의 움직임을 상상하면서 빨리 무대에 서고 싶은, 단 한 가지 꿈과 희망만 간절했던 기억이 난다.

그 마음으로 하루하루 연습실에서 지냈다. 그렇게 동작 하나 하나로 익힌 감성과 느낌, 기억, 그 소중한 순간과 노력들이 내 근육에 고스란히 남아있다.

사소한 부상에서 심각하게 나를 위협했던 부상조차 몸에서는 그때의 기억을 잊지 않고 있다.

근육이 익힌 감각은 오래 기억에 남는다. 움직임 속에 함께했던 감정과 느낌들, 그것을 표현하기 위해 진심을 다하는 과정을 무한하게 반복한다.

어느 순간 내가 머리로 기억하지 않아도 본능적으로 반응하고 몸이 말하게 된다.

꿈을 꾸기 시작한 그때 나는 거울 앞에서 많을 날들을 나와 마주하며 수많은 나를 보았다. 나의 몸의 상태, 울퉁불퉁 근육들, 그 근육의 움직임, 움직임의 크기와 속도, 나의 숨소리, 호흡을 하며 눈을 감으면 나의 중심이 느껴진다. 그리고 내 몸이 보인다. 그렇게 진심으로 최선을 다해 빠져드는 시간들이 나는 행복했다. 그 수많은 시간들과 노력은 꿈꾸는 나를 느끼고 깊이 사랑하게 했다.

나의 꿈은 희망을 갖게 했고 그 희망은 진심을 다해 노력하게 했고 그 노력은 나를 진정 사랑하게 했다.

그 사랑은 이렇게 늘 나를 움직이게 한다. 꿈을 꾸고 노력은 희망을 믿게 하고 다시 나를 응원하고 사랑하게 되는 이 순환은 나의 꿈의 순환인 것이다.

진심을 다해 춤을 대하고 삶을 살고자 하는 나의 꿈, 항상 무대는 나의 꿈이었고 안무가로서 지금도 그러하다.

내가 무대에 서 있던 그 기억과 감정, 느낌, 표현들을 고스란히 담아내어 무용수와 배우들에게 전달하고자 한다. 그것이 그들에게 쉽게 설명이 되지 않더라도 안개 속에 흐릿하게 싸인 꿈이 좀 더 선명해지도록 말이다.

꿈을 꾸는 사람에게는 끝이 없다. 끝이 없다고 힘겨워할 이유도 포기할 이유도 없다.

그렇기에 계속 꿈을 꾸고 희망을 말할 수 있다.

끊임없는 노력과 열정, 진심을 다하는 마음으로 계속 꿈을 꿀 수 있는 자격을 가지길, 나 또한 늘 스스로에게 응원한다.

터닝 포인트

황 지 현
배우의꿈 음악감독

얼마 전 '두 번째 스무 살'이라는 드라마를 본 적이 있다. 열여덟 재능 많고 꿈 많던 소녀가 바로 아줌마가 되면서 자신을 돌아볼 새 없이 남편과 아이만을 위해 살다가 자신의 삶을 찾아가게 된다는 내용이다. 꼭 드라마 때문은 아니었지만, 우연히 나이도 상황도 비슷한 드라마를 보면서 많이 공감했던 생각이 난다.

나는 어려서부터 학교나 교회에서 반주자로 또는 합창을 하며 자연스럽게 음악을 시작했고 내 꿈은 무대 음악을 만드는 사람이 되는 것이었다. 대학교에 입학해서 가게 된 오리엔테이션에서 〈브로드웨이〉라는 학내 동아리 공연을 보게 되었는데 내가 어린 시절부터 꿈꿔왔던 그것이 바로 '뮤지컬'이라는 것을 알게 되었다.

그 순간부터 열심히 자료를 찾으며, 경험하길 원했고 모든 힘과 시간을 뮤지컬에 대한 열정에 쏟았다.

풋풋하고 혈기 넘치던 그 시절이 참 소중하고, 지금까지 이 일을 할 수 있게 만들어 주었던 것 같다.

어느덧 시간이 흘러 나는 정말 꿈을 이룬 사람이 되어 있었다. 20대 조금 이른 나이에 좋은 선생님을 만나 뮤지컬 스터디를 만들고 많은 사람을 만나 함께 작업하는 기회를 얻게 되었다. 3~4년 동안 만들던 작품이 결국에는 공연을 올리지도 못하고 사라지기도 했고, 막상 작품을 올렸는데 내가 생각했던 방향과는 다른 결과물에 실망한 적도 있지만 감사하게도 늘 이 일을 하는 사람으로 만들어지고 있는 과정이 나에게 값진 경험으로 남아있다.

어느 날 문득 되돌아본 십 년, 그동안 난 결혼을 하고 아이를 낳았다. 그리고 전과는 조금 달라진 현실에 적응하며 어느덧 음악을 만드는 일보다 음악을 가르치는 일을 더 많이 하게 되었다. 그 과정 중에 배우를 꿈꾸는 아이들과 함께 만들어가는 '배우의꿈' 프로젝트는 나에게 중요한 터닝 포인트가 되었다.

[배우의꿈 5기, 뮤지컬 〈렌트〉 연습 중]

'배우의꿈' 프로젝트는 중학생부터 고등학생을 대상으로 배우를 꿈꾸는 학생들에게 공연의 기회를 마련해주고 다양한 경험을 통해 본인이 원하는 꿈을 찾게 해주자는 취지로 만들어진 프로젝트다.

모든 선생님은 재능기부로 참여하였고 나는 프로젝트의 음악감독으로 참여하게 되었다.

나에게 만들어진 수식어들, 작곡가, 반주자, 음악감독, 보컬코치 등의 많은 일 중에 배우를 꿈꾸는 학생들, 노래하고자 하는 아이들을 만나 그 아이들과 무언가를 만들어가는 작업은 즐겁고 값진 일, 그 이상으로 나를 돌아보고 멈추지 않게 할 수 있는 좋은 원동력이 되곤 했다.

배우의꿈을 1기부터 4기까지 진행하면서 학생들이 조금씩 성장해가는 모습을 보는 것은 참 감동적인 경험이었다. 저 친구는 이 길을 가지 말아야 하는 게 아닐까, 생각했던 학생이 무대에서 전혀 다른 모습을 보여주기도 하고, 노래에 너무 자신이 없어 노래 수업에는 들어오지 않겠다던 학생이 어느 순간 합창수업에 가장 열의를 보이며 즐겁게 노래하는 모습을 보며 보이는 재능뿐만 아니라 내면에 있는 진짜 자신의 모습을 찾아내 주는 것이 좋은 선생님의 역할이 아닌가 하는 생각을 많이 하게 되었다. 각자 나름대로 색깔을 찾고 스스로 가장 잘할 수 있는 부분이 무엇인지 발견해 나가는 과정들이 이 길을 가고자 하는, 자라나는 학생들을 가르치는 가장 큰 재미이고 보람이라고 생각한다.

아직도 꿈꾸다, 그래서 도전

성장하는 단계에 있는 학생들과의 작업은 이 일에 익숙하고 전문적인 배우보다 훨씬 더 깊이 있고 구체적으로 접근할 수 있는 부분이 있다.

나는 음악(들림새)을 만드는 사람이지만 들림새 만큼 보임새가 중요하다고 생각한다. 아름다운 음악은 듣는 것뿐 아니라 눈으로 보이는 것과 조화롭게 나왔을 때 그 음악의 가치가 잘 전달된다.

그래서 노래를 가르칠 때도 호흡, 발성, 자세, 발음 등 많은 중요한 부분들과 함께 음악을 전달하고자 하는 목표를 중요하게 가르친다. 가사의 흐름과 단어 하나하나가 전달하고자 하는 의미, 그리고 음악이 꼭 이렇게 쓰여질 수밖에 없는 이유가 그 노래를 하는 배우의 시선과 감정, 동선을 자연스럽게 움직이는 걸 경험했기 때문이다.

나의 꿈은 무대음악을 만드는 사람이다. 좋은 작품, 내가 정말 사랑하고 많은 사람들이 함께 공감하고, 그래서 계속해서 무대에 올려질 수밖에 없는 작품을 만들고 싶다.

내게 있어 학생들과 함께 노래를 가르치고 공연을 만들어가는 일은 '언젠간 같은 무대에서 함께 공연하고 싶다.'라는 의미로 끊임없이 내 마음을 움직이게 한다. 그리고 매년 반복적인 일들로 매너리즘에 빠지지 않기 위해 음악감독으로, 작곡가로 공연을 만드는 일 또한 계속해서 도전하고 진행할 예정이다.

잊고 있던 꿈

강 연 우
배우의꿈 연기감독

꿈은 실현하고 싶은 희망이나 이상이라는 뜻을 가지고 있다. 하지만 반대로 실현될 가능성이 아주 적거나 전혀 없는, 헛된 기대나 생각이라는 의미도 갖고 있다.

우리는 하루에도 수많은 꿈을 꾼다. 나는 어떤 꿈을 갖고 있었는지 돌이켜본다. 어떤 꿈이 있었는지 쉽게 떠오르지 않는다. 만약 그 꿈이 이루어져 있다면 그것은 희망이 되고 이루어져 있지 않다면 헛된 기대가 되는 것일까.

그렇다면 꿈은 이루어져야만 가치가 있게 되는 것인가.

나는 주변의 많은 꿈들을 보았고 들었다. 그중 그 꿈이 이루어지는 걸 보았을 땐 행복하겠다고 생각했고, 감히 이루지 못할 꿈을 보았을 땐 욕심 부리고 있다고 생각했다.

그렇다면 욕심 부리지 않고 이룰 수 있는 꿈만을 가져서 많은 꿈을 이루면 행복하다고 할 수 있을까. 내 대답은 이렇다. '그렇지 않다.' 하지만 반대로 이루어지지 않는 꿈을 어떻게든 이루기 위해 애쓰는 모습이 행복하지 않다고도 할 수 있나. 이 역시 나의 대답은 같다.

그럼 나에게 꿈은 무엇인가. 난 꿈에 어떤 의미를 담아야 할까. 난 꿈을 잊고 있었다. 잃어버린 것이 아니라 잊어버린 것이다. 꿈을 결과로 착각하고 있던 것이다. 아주 먼 결과로 말이다. 길잡이가 필요한 것은 맞지만 그것이 미래가 되어서는 안 된다. 결국 꿈이 희망이 되느냐, 헛된 기대가 되는냐는 중요하지 않다는 것이다.

그렇다면 나는 왜 꿈을 가져야 할까. 바로 지금 때문이다. 그 꿈 때문에 만들어지고 있는 지금 때문이다. 그 꿈이 지금을 가장 꽉 채워줄 수 있는 힘을 가지고 있다.

나의 지금이 항상 가득할 수 있다면 그 꿈이 이루어지지 않아도 좋다. 지금은 과거가 되어버린 가득 차 있던 수많은 '지금' 덕분에 분명 나는 더 많은 다른 꿈들을 이룰 수 있을 것이기 때문이다.

물론 지금까지 그랬던 것처럼 수많은 장애물이 생겨나 많이 넘어지고 무너지겠지만, 그 역시 나의 지금이 알차게 여물어 있다면 쉽게 털어낼 것이다. 그렇기에 나는 꿈을 가져야 하고 그 꿈을 이루기 위해 노력해야 한다.

누군가 말했다. 꿈을 아주 크게 가져야 설사 이루어지지 않고 깨지더라도 그 깨진 조각 역시 크다고. 이 누군가의 말에 위안을 삼아선 안 되겠지만, 산산조각을 두려워하지 말고 또 계산하지 말고 꿈을 꾸어야 한다. 그럼 꿈이 나의 지금이 되어줄 것이다.

지금, 다시 찾은 나의 꿈 조각은 점점 커지고 있다.

[뮤지컬 〈렌트〉 공연 장면]

두 마리 토끼도 잡을 수 있다

김 서 윤
배우의꿈 연기트레이너

'연기' 전공을 선택한 나는 언제나 행복하다. 그리고 지금까지도 내 전공과 관련된 모든 일에 대한 갈망과 그것들을 반드시 이룰 것이라는 부푼 '꿈'을 안고 생명력 있게 살아간다.

난 내 전공을 정말 사랑한다. 그만큼 욕심도 많이 생기고 하고 싶은 것도 많아서 '배우'와 '교육자(지도자)' 둘 다 놓치고 싶지 않은 나만의 '꿈'이다.

예전에 나와 같은 '배우'의 꿈을 꾸는 청소년 친구들에게 연기 기초 트레이닝 수업을 몇 번 진행한 적이 있다. 특별히 재능을 타고 나지는 않았지만, 반짝이는 가능성을 가진 그 친구들이 나와 호흡을 맞추며 조금씩 변화하는 모습이 눈에 띄면 나 스스로 행복한 성취감을 느낀다.

동시에 '아는 만큼 보이고 아는 만큼 들게 되듯이, 아는 만큼 아이들을 잘 가르칠 수 있겠구나.'라고 느끼게 되면서 대학교를 졸업하고 대학원 진학을 결정했다. 그곳에서 실기와 심화과정 이론수업을 배우면서 내가 알고 있지만 더 알고 싶은 것들에 대한 흥미를 느끼고 있는 요즘이다. 그렇게 나는 또 하나의 꿈인 더 성숙한 '교육자'의 길에 조금씩 천천히 다가가려고 노력하고 있는 중이다.

그리고 내가 그토록 갈망하는 '배우'라는 꿈도 놓치고 싶지 않아 훌륭하신 성악가 소프라노 선생님께 뮤지컬 노래 레슨도 다시 받고 있으며, 오디션 프로필 사진도 다시 새로 찍고 '배우'로서 거침없는 도전을 계속할 생각이다.

이 두 가지의 내 꿈을 간절하게 놓치고 싶지 않다면, 무모하게라도 욕심을 내보고 싶다면 둘 중 어느 하나라도 도태되는 순간 끝장이라고 생각한다. 특히 몸과 목소리가 예술 표현 수단인 '배우'는 끊임없는 자기 트레이닝을 해야만 퇴보되지 않고 현장에서 살아남을 수 있기에 끊임없이 배움의 욕심을 내보려 한다.

나이를 더 먹고 훗날 언젠가는 내 전공과 관련하여 무언가 견고하게 내 꿈이 이루어져 있겠지만 지금은, 그래도 아직은 끊임없이 배우고 더 도전하며 두 마리의 토끼를 다 잡으려는 행복한 현재 진행형의 내 '꿈'을 놓치고 싶지 않다.

[배우의꿈 5기, 오디션 심사]

지금 나를 움직이게 하는 것

장 유 정
배우의꿈 움직임트레이너

아마 6살이 되어 처음으로 유치원에 다니게 되었을 때였던 것 같다. 가장 오래된 기억 속 첫 번째 꿈은 대통령이 되는 것이었다. 나는 커서 무엇이 되고 싶은지 생각해보는 시간에 정말 막연히 대통령이 가장 높고, 멋진 일인 것 같아 대통령을 선택했다. 그 뒤로 소방관이 되고 싶은 적도 있었고, 내가 음치라는 사실을 미처 깨닫기 전인 초등학교 시절에는 가수가 꿈인 적도 있었다. 누구나 그러하듯 나 역시 다양한 꿈을 꾸며 자랐다. 이러한 꿈들을 지나 지금 내가 하고 있는 무용은 '무용 선생님이 되고 싶다.'라는 꿈에서 시작되었다.

나는 아주 어렸을 때부터 춤추는 것을 정말 좋아했다. 하지만 춤을 추는 것은 꿈이라기보다 그저 즐겁고 행복한 일이었다. 그래서 자연스럽게 좋아하던 춤을 배울 수 있는 곳을 찾아가게 되었고, 그곳에서 만나게 된 무용 선생님의 모습이 정말 멋있게 느껴졌다. 그때 처음으로 '나도 무용을 가르치는 선생님이 되고 싶다.'라는 꿈을 가지게 되었고, 본격적으로 무용을 시작하게 되었다.

나에겐 아직도 잊을 수 없는 순간이 있다. 고등학생이 되었을 때, 어느 날 갑자기 스승님께서 "너는 춤을 춰서 뭐가 되고 싶니?"라고 물으신 적이 있다. 그때 내 대답은 "다 이겨버리고 싶어요!"였다. 스승님은 당황하셨겠지만, 나는 나름 정말 진지하고 확고하게 대답했던 기억이 난다. 지금 생각해보면 '어느 누구보다 무용을 잘하고 싶다.', '많은 사람에게 인정받고 싶다.'라는 마음을 조금 과격(?)하게 표현했던 것 같다. 지금까지도 이 순간이 기억에 남는 것은 무용을 너무나 사랑했던 그때의 내 마음이 또렷이 기억나기 때문이다.

그 뒤로 목표하던 대학에 진학하였고, 무용수도 될 수 있었고, 무용 선생님도 되었으며, 감사하게도 안무가로 이름을 올리게 되기도 하였다. 그러면서 항상 더 큰 무대, 더 좋은 작품을 하게 되는 것이 꿈이 되었고, 더 많은 사람에게 인정받기 위해 노력했다. 하지만 그 과정에 행복을 느끼지 못했다. 그렇게 좋아하던 춤이 나 스스로 우울증에 빠진 것 같다고 느껴지게 할 만큼 점점 바닥으로 가라앉게 만들었다.

그런데 정말 우연한 기회로 변화가 찾아왔다. 나 스스로 바라보았을 때, '어떠한 내가 되고 싶은가'에 대해 생각해보았고, 어릴 적 꿈들처럼 온전히 나를 위한, 내가 원하던 꿈을 다시 꾸게 되었다. 지금의 내 꿈은 다양한 움직임을 수용할 수 있는, 보다 나은 표현을 탐색할 수 있는 몸을 가지게 되는 것이다. 진정으로 움직임 안에서 자유롭고, 더욱 분명하게 나를 드러낼 수 있는 몸을 가지고 싶다.

지금까지 지나왔던 많은 꿈들 중에서 어쩌면 가장 추상적일 수도 있고, 이루어지는 시점이 정해져 있지 않으니 꿈이 실현되는 순간이 언제 올지도 모르겠다. 혹은 그 과정 중에 또다시 변화가 일어날지도 모른다. 그러나 지금 난 꿈을 실현할 모습을 상상하는 것만으로도 가슴이 벅차오른다. 또 매일매일 꿈을 이루기 위한 의지가 솟아난다.

물론 그 과정에서 힘이 들고, 쉬고 싶을 때도 생길 것이다. 하지만 꿈을 이룰 나를 상상하면 충분히 스스로를 다독이고 인내할 수 있다. 나에게는 이러한 것이 내가 바라던 '꿈'인 것 같다. 그저 막연히 원하고 기대하는 것이 아니라, 그 존재 자체만으로 설렘, 의지, 인내를 불러일으키고, 지금 나를 움직이게 하는 것 말이다.

꿈을 주기 위해 꿈을 이루는 사람

윤안나
배우의꿈 보컬트레이너

내게 있어서 '꿈'이라는 단어는 아주 특별하다. 어린 시절부터 지금까지 꿈을 꿀 수 있는 이유는 내 꿈을 지켜주던 수많은 사람들의 희생과 지원과 사랑이 있었기 때문이다.

첫 번째 지원자는 바로 부모님이다. 또래 친구들보다 말도 빨리 트고 걸음마도 빨랐던 나는 어린 시절 종종걸음으로 집을 탈출하여 엄마의 속을 썩이곤 했다. 엄마의 하루일과는 매일 나를 찾아다니는 것이었다. 얼마나 걱정을 끼쳤는지 늦은 저녁이 돼서야 경찰서에서 전화를 받아 찾아오기 일쑤였다.

뚜렷이 기억나진 않지만 동네에 있는 시장에서 상인들 앞에서 춤추고 노래하며, 떡, 과자를 얻어먹는 재미 때문이었던 것 같다. 덕분에 부모님은 동네에서 유명 인사가 되었고, 매일 부모님과 투쟁하듯 다퉜다. 당시 부모님은 여섯 살 아이 입에서 '난 세상이 너무 궁금해 나가고 싶어.'라는 말까지 들으며 내 미래를 걱정하셨다고 한다.

그러던 중 여섯 살에 쓴 짧은 소설이 우연히 나간 대회에서 수상하게 되어 언어영재 자격으로 초등학교 과정을 조기입학했다. 나는 아무것도 모른 채 들떴고, 처음엔 모든 게 즐거웠다. 그러나 점점 나와 소통할 수 있는 친구들이 없었고, 색안경을 끼고 나를 이상한 아이 취급하던 친구들 사이에서 그제야 내가 어느 곳에 왔는지 알게 되었다.

그때부터 학교에 가지 않겠다고 울며불며 아빠 엄마를 매일 괴롭혔고, 결국 나의 행복을 위해 나를 향한 부모님의 꿈과 기대를 내려놓으셨다. 이후 나는 일반 초등학교로 전학하게 되었고, 사소한 것에도 즐거워할 수 있게 되었다. 부모님은 내 든든한 버팀목이 되어 주셨다.

나의 두 번째 꿈 지킴이는 바로 중·고등학교 시절 만났던 선생님들이다. 노래와 춤을 유난히 좋아하던 나는 부모님의 사랑 속에 가수라는 꿈을 가지고 기획사에 들어갔고, 연습생으로 2년을 보내며 꿈을 향해 달려갔다. 그러나 어린 나이에 여러 가지 상처도 많이 받고, 내 길에 대해서 진지하게 고민하게 되었다.

그러던 어느 날 국어 수업에서 교과서에 실린 희곡을 연습하고 발표하는 시간이 있었다. 그때, 선생님은 내게 "안나야, 너는 좋은 배우가 될 수 있을 것 같아!"라고 말씀해 주셨고, 다시 꿈을 꿀 수 있는 힘이 생겨 당장 예술 고등학교에 진학하는 목표를 잡게 됐다.

하지만 예고 준비에 지원해 줄만큼 집안 형편이 되지 않았고, 그것을 해줄 수 없는 마음에 속상하셨던 것인지 부모님께선 내 꿈에 처음으로 반대 아닌 반대를 하셨다. 그 이후 하루하루 꿈에 대한 몸살을 앓았고 한풀이하는 마음으로 한 카페에 글을 올리게 되었다. 그리고 우연히 그 글을 보게 된 분에게서 메일이 한 통 왔다.

"뜻이 있는 곳에 길이 있습니다. 연락주세요 000-0000-0000" 그렇게 꿈을 향해 본격적인 시작을 하게 되었고, 기적 같이 예고에 합격하게 되었다. 그러나 설레는 마음으로 들어간 예고는 나의 집안 형편을 더더욱 실감하게 했다.

한참 예민한 나이에 현실을 느끼며 견뎌내는 것이 나에겐 연습보다 공부보다 더 힘든 일이었다. 그렇게 고3이 되었고 본격적인 입시 준비로 친구들이 일주일에도 3, 4번씩 레슨을 받던 시기에도 나는 입시 준비를 할 수 없었다. 연습실에서 혼자 연습하며 매일 울고 기도하던 나에게 고3 담임 선생님께서 늘 별명을 부르며 힘을 주셨다.

"꾀꼬리야 너는 꼭 쓰레기 더미 위에 피어난 꽃이 되거라."

참을 수 없는 많은 눈물을 흘리며 한 번 더 다짐했다. '반드시 해낸다!' 그렇게 똑같이 반복되던 힘든 일들이 나에게 아무런 상관이 없게 되었다. 그저 감사함으로 하루하루를 보냈고, 그 마음이 통하여 또 한 분의 꿈 지킴이를 만나게 되었다. 그분은 내 상황을 아시고 모든 입시 준비를 기꺼이 도와주셨다. 그렇게 나는 여러 분의 도움으로 꿈을 지키며 어른이 되었다.

세 번째 꿈 지킴이는 대학 시절 때 만난 인연들이다.

입학 후에 그 어떤 기수나 학번에도 뒤지지 않는 소중한 동기들을 만나서 함께 꿈을 키웠고, 나보다 먼저 앞서 나가서 내 꿈의 길을 터주셨던 존경하는 선배님들, 그리고 나만의 꿈이 아닌 누군가의 꿈을 지켜주는 방법을 알게 한 후배들, 무엇보다 꿈이 현실이 될 수 있게 훈련하고 가르쳐 주셨던 교수님들. 그렇게 나는 어른이 되어서도 내 꿈을 보호받을 수 있었다.

졸업 후에 여러 작품들에서 관객들과 꿈을 나누는 일을 하던 나는 지금 현재 더 가까운 곳에서 내가 받은 것들을 돌려주기 위해 예고에서 선생님으로 일하고 있다. 그런데 이상하게도 나와 같이 흔들리고, 꿈을 지키지 못해 아파하는 학생들을 보면서 오히려 또다시 꿈을 꾼다. 나는 여전히 꿈을 지켜주며 또 동시에 보호받고 있다는 것을 깨닫고 행복한 시간들을 보내고 있다. 우리는 어떤 꿈을 꾸고, 누구와 함께하고 있나? 세상에 혼자 지킬 수 있는 꿈은 없다. 이 글을 읽고 있는 모든 분들과 그리고 특별히 〈렌트〉라는 작품으로 그 의미와 더 가까이 하고 있는 배우의꿈 모든 구성원들이 꿈이라는 것은 사람 그 자체라는 것을 알고, 함께 서로의 꿈을 지켜주는 지킴이들이 되길 바란다.

"꿈을 주기 위해 꿈을 이루는 사람"

오늘도 나는 앞으로 나와 함께할 사람들을 위해 준비하며 꿈을 이루어간다.

배우의꿈 파이팅!

꿈을 찾아 내디딘 사회로의 첫발

차 영 은
배우의꿈 기획팀

사람들은 말한다. 누구나 원하는 꿈 하나쯤 갖고 있기 마련이라고. 글쎄, 나는 그런 간절한 꿈을 가져본 적이 있었던가?

어린 시절의 나는 꿈이 많았다. 그림 그리는 것을 좋아하고 책을 좋아해 동화작가가 되어 글도 쓰고 그림도 그리리라 꿈꿨던 적도 있었고, 학교에서 하는 적성 테스트 결과에 따라 변호사라는 꿈을 가져본 적도 있었다. 그러나 지금 돌이켜보면 사람들이 "네 꿈은 뭐니?"라고 물어볼 때의 '말하기 좋은' 꿈이었을 뿐 간절히 원하고 이루려고 이루기 위하여 지속해서 열정을 가져온 꿈은 없었던 것 같다.

학창 시절에는 '좋은 대학을 가야 한다, 전공은 성적에 맞춰가는 것'이라고 들어왔다. '무슨 과를 가든 전공 따라 취업하는 사람은 얼마 없다, 그냥 결국 대학 나와서 일반 회사 들어가는 거'라는 말들을 들으며, 나는 꿈이 없었음은 물론 꿈을 찾으려는 노력조차 하지 않았다. 학생부 장래희망란에는 '뭘 써야 할까.' 고민하는 친구들과 달리 아무 고민 없이 '일반 회사원'을 적어 넣었을 정도로.

그러던 중 고등학생 시절, 처음으로 뮤지컬을 보았다. 웅장한 보컬과 오케스트라, 화려한 배우들과 무대, 쾌적한 공연장, 안내원들의 친절한 미소까지 더해져 공연의 감동을 진하게 받았다. 그래서 막연하게 공연장에서 일해야겠다는 꿈이 생겼다. 대학생이 되고 나서 페스티벌, 공연장 스태프나 하우스 어셔로 들어가기 위해 도전했다. 여러 공연장에서 하우스 어셔로 장기간 아르바이트하면서 공연장을 방문하는 관객들이 꽤 많다는 사실을 알게 되었다. 내가 처음 소중한 문화 경험을 하며 느꼈던 것처럼 더 많은 사람이 문화예술을 통해 행복한 삶을 경험할 수 있도록 돕는 '가치 전달자'를 꿈꿔오게 되었다.

꿈이 생기고 난 후에도 요즘과 같이 쉽지 않은 취업 길에서 나 또한 불안하고 힘든 취준생 시절이 있었지만, 졸업 후 바로 좋은 기회가 닿아 '배우의꿈' 기획팀으로 첫발을 내딛게 되었다. 나는 청소년기에 아무런 꿈이 없었기에 배우와 전문 스태프를 꿈꾸는 청소년들에게 진로 선택 이전에 자신의 적성을 스스로 찾게 한다는 배우의꿈의 취지에 매력을 느꼈고, 나의 적성을 찾아 시작한 배우의꿈 기획팀 일은 즐겁다.

적성에 맞는 일을 하는 자는 행복하다. 배우의꿈 학생들을 보면 무더운 이 여름날 힘들 텐데도 열심히 연습하는 모습이 참 행복해 보인다. 본인들이 간절히 원하는 일을 할 때 행복할 수 있다는 사실을 느낀다.

나 또한 여기서 꿈이 끝난 것은 아니다. 어쩌면 이제야 제대로 꿈을 향해 나아가는 길 초입에 들어선 것이다. 나는 문화예술에는 삶을 행복하게 하고 삶을 변화시키는 힘이 있다고 생각한다. 문화예술을 통해 사람들의 삶이 윤택해질 수 있도록 돕는 것, 그것이 바로 내 꿈이다. 창의적이고 진정성 있는 콘텐츠를 기획할 수 있는 기획자가 되기 위해 지금도 전공 분야 외의 강의도 들으며 성장하고자 노력하는 중이다. 앞으로도 한 걸음씩 성장해나가는 내가 되어 꿈을 실현해나가며 더 행복한 내 미래를, 곧 내 꿈이기도 한 사람들의 문화 향유를 통한 행복한 사회를 만들어나가고 싶다!

[뮤지컬 〈렌트〉 공연 장면]

자유롭게 사랑을 위해 연기할 수 있다면

김 현 경
배우의꿈 멘토

밤 10시, 80일이 채 되지 않은 사내 아기를 한 손에 안고, 다른 한 손으로는 두 돌이 막 지난 딸 아이의 가슴을 토닥인다. 꽤 시간이 흘러 쌔근쌔근 숨소리가 캄캄한 방을 가득 채우면 아이들이 그렇게 사랑스러울 수 없다. 내 눈앞에 잠든 두 천사를 지켜줘야 한다는 막중한 책임을 감당하기 어려워 도망치고 싶을 때도 있다.

하지만 가정을 이루고, 출산하는 것, 그리고 가정을 지켜내는 것은 사람으로 태어났기에 당연한 것, 누구나 하는 것, 그래서 가장 값진 것이란 걸 깨닫는 요즘이다. 어려울수록 도전해보고 싶은 나의 맹랑함에 '내가 꾸린 가족 멋지게 지켜낸다.'라는 지금까지와는 다른 꿈에 도전장을 내밀었다.

물론, 나에게도 특별한 꿈을 꾸던 때가 있었다. 무용수, 아나운서, 성악가, 배우, 김박사, 연출가, 평론가 등의 꿈들은 눈앞에 놓인 숙제들을 해결할 수 있는 원동력이었다. 실행 능력이 좋은 편이라서, 남한테 지기 싫어하는 타입이라서 그간의 결과물은 좋았다고 생각한다. 나뿐만 아니라, 부모님 역시 딸의 꿈 때문에 조금의 여유도 허용되지 않는 삶을 살아오셨다.

하지만 28년간의 나의 노력과 부모님의 희생은 결혼과 출산으로 공중분해 되었다. 허무한 엔딩에 당사자는 우울증이란 걸 경험했고, 심리 상담도 받았으며, 용하다는 점쟁이를 찾아가 보려고도 했다. 부모님 역시 탄생의 기쁨과 동시에 두 번의 출산으로 망가진 딸의 모습이 낯설고 속상하긴 마찬가지셨다.

혼란에 혼란을 거듭하여, 나는『우리는 미래에 조금 먼저 도착했습니다』라는 책을 발견했고, 그 안에서 지금의 꿈을 실현하기 위한 구체적인 방법들을 찾아나가고 있다. '가난한 자들을 자선으로부터, 아내를 남편으로부터, 성인 자녀를 부모로부터, 노년기의 부모를 성인 자녀로부터', 개인을 가족 및 시민사회 내 모든 형태의 의존에서 자유롭게 하는 것, 숨은 동기와 필요에서 벗어나 모든 인간관계가 완전히 자유롭고 진실해지도록 그리고 오직 사랑으로만 빚어지도록 만드는 '사랑에 관한 노르딕 이론'을 실현해보는 것이다.

이론에 근거하면, 나는 나의 가족을 지키기 위해 남편과 두 아이에게서 자유로워야 한다. 결국 우리나라는 핀란드 수준의 복지정책이 자리잡지 않았기에 경제적 독립체가 될 필요가 있다. 따라서 나에게 최선의 방법은 잘 할 수 있는 일(직업)을 꾸준히 하는 것, 즉 연극(연기)을 가르치는 것이다.

배우가 되고 싶었다. 연습을 하며 땀을 흘리고 화려한 조명에 눈이 부시면 그렇게 황홀할 수가 없었다.

한 문장의 대사도 소중했고, 내가 뱉은 말이 거짓이 아니길 바랐기에 잠들기 직전까지 대사를 곱씹었다. 하지만 무대에서 내려오면 나는 딸이자, 아내이자, 엄마다.

언젠가부터 친정 아빠는 돋보기안경을 쓰시고, 친정 엄마는 흰머리 염색을 하신지 오래다. 그간 모자람 없이 자란 우리 신랑은 두 아이의 아빠가 되고나서 가장으로서의 어깨가 무겁다.

사랑스런 나의 오누이는 아파도, 무서워도, 배고파도, 졸려도, 심지어 신이 나도 나를 찾는다. 현재 내가 어떠한 의존에서도 자유롭기 위해서는 배우의 길은 멈추어도 좋다. 꿈이 나를 둘러싼 사람들에게 누를 끼치고 있다면, 당장 내가 해야 할 것들을 안 해도 될 핑계거리가 된다면, 그건 꿈이 아니라 공상이다.

학생들에게 배우가 되고 싶은 이유를 물으면 대부분 다양한 삶을 살고 싶어서라고 대답한다. 그 친구들에게 이야기하고 싶다. 배우가 되기 전에 사람이 되자고. 허구의 삶을 연기하기 전에 현실에 충실하자고. 딸로서, 아들로서, 학생으로서의 역할들에 최선을 다하기 위해 배우가 되자고.

배우는 정말 매력적이다. 만약 부모님이 배우가 되길 반대하신다면, 무작정 반항을 하거나 설득을 하기보다는, 나의 모습을 먼저 되돌아보는 것이 좋을 것 같다.

[뮤지컬 〈렌트〉 공연 장면]

배우의 꿈

오 현 채
배우의꿈 멘토

난 어릴 때부터 꿈이 있었다. 나름 굉장히 디테일한 꿈이다.

9시부터 1시까지 어린이 집에 출근해 아이들을 보고, 1시부터 6시까지 연극 연습을 하고, 8시부터 10시까지 공연을 하고, 12시부터 2시까지는 라디오 디제이를 할 거라며 촘촘하게 계획해 놓았다.

어릴 때부터 선생님이 되길 바라셨던 부모님을 위해 아이들을 좋아하는 내가 할 수 있는 건 어린이집 선생님이었다. 그러나 열다섯 살에 처음으로 접한 연극에 홀딱 반해, 그 연극에 나오는 배우에 반해, 내가 지금 느끼는 이 행복감을 다른 누군가 날 보고 느낄 수 있으면 좋겠다고 생각했다.

그래 나도 배우가 될거야!

부끄럽지만 나름 예쁜 목소리와 정확한 발음에 칭찬을 많이 받아서, 그리고 그때 내가 좋아하는 배우가 라디오 디제이를 시작해서, 그 배우와 함께 디제이를 해보고 싶었다.

그래 나도 디제이를 하겠어!

완벽했다! 정말 이렇게 디테일하게 꿈을 꾸고 모든 걸 할 수 있는 시간까지 있다니 정말 완벽했다! 나름 공연이 없을 때는 강의도 나가고 사진도 찍으러 다니고 여행도 다니고 캬~!! 진짜 너무 멋지고 행복하고 완벽한 꿈이다.

꼭 이루자!

서른셋 별 다른 알람은 없다. 아니, 딱히 나에게 시간이라는 게 무의

미해졌다. 디테일한 꿈을 꾸던 나는 9시부터 12시까지 아니 24시간 정우 엄마로 살아가고 있다. 젖 물리고, 트림 시키고, 기저귀 갈고, 재우고, 가끔 웃음이 나오기도 한다. 나름 엄청 디테일한 꿈이었는데 말이다. 연애하고 결혼하고 아이를 낳고 엄마가 된다는, 그런 꿈은 없었다.

하지만 난 여전히 꿈꾸고 있다.

혼자 그리고 또 정우와 함께, 그리고 신랑과 함께 한 무대 위에서 우리의 이야기를 마음껏 펼칠 날을 나름 또 디테일하게….

지금 열다섯 열여덟의 아이들이 나처럼 처음으로 연극이라는, 배우라는 꿈을 꾼다. 그들의 지금의 모습도 응원하고 그들의 서른셋의 모습도 응원한다. 그리고 언제나 꿈꾸기를….

[뮤지컬 〈렌트〉 공연 장면]

모든 생각이 꿈의 길목이 되어

김 재 인
배우의꿈 아트웍디자이너

꿈이란 무엇일까. 어린 시절에는 "배우가 되겠다.", "의사가 되겠다." 등 어떠한 직업을 갖는 게 꿈이라고 생각하는 경우가 많은 것 같다. 그러나 꼭 이런 모습의 꿈만 꿈이라 말할 수 있을까?

나는 어린 시절 내 꿈이 무엇일까에 대해 많은 고민을 했다. '그림을 잘 그리니 화가가 될까?', '아니 의상디자이너를 꿈으로 정해볼까?', '아니다! 예쁜 요리를 만드는 것을 좋아하니 요리연구가를 꿈으로 선택해야겠다.' 생각했다.

하지만 참 막막한 심정이었다. 나는 딱히 엄청난 재능이 있는 것도, 엄청나게 하고 싶은 게 있는 것도 아니었기 때문이다. 그렇게 대학을 졸업할 때까지 무엇을 하면 좋을까, 여러 갈래의 꿈길 속에서 헤맸다.

선생님 말씀을 잘 듣고 학교의 규칙에 따르는 것이 모범생이라고 가르치고 많은 경험을 해볼 수 없었던 학창 시절에는 그저 선생님 말씀을 잘 듣고 말썽을 부리지 않아 성실한 학생이라고 불려 부모님을 자랑스럽게 해드리는 게 기쁨이었다.

그래서 꿈을 고를 때마다 엄마에게 여쭤보았다. 엄마는 이러저러한 현실적인 이유를 말씀하시며 그런 직업은 조금 어렵지 않겠냐며 겁을 주셨다. 그런 엄마의 말씀을 그대로 받아들여 지레 겁을 먹고 꿈을 포기하기도 했던 것 같다. 엄마의 말씀 때문에 포기했던 꿈들은 그저 버려진 꿈들이라고 생각했다. 하지만 그 갈래갈래 꿈길들은 참으로 소중한 시간이었다고 생각한다.

그래도 어릴 때부터 미술에 재능이 있다고 지원을 해주신 부모님 덕분에, 시간이 흘러 디자인대학에 진학하고, 4년을 보내고, 또 사회에 나와서 디자이너로서 일을 하면서 흘러 지나갔던 꿈들에 대해서 생각해보게 되었다.

지금 나는 꿈을 이룬 것일까. 아직도 내가 꿈을 이룬 건지는 모르겠지만, 하루하루 작은 꿈들과 함께 살고 있다. 지금 당장 이룰 수 있는 꿈도 있고, 먼 미래에 천천히 이루게 될 꿈들도 있다. 하루하루 작은 꿈들을 이루다보면 언젠가 큰 꿈을 이룰 날이 올 것 같다.

종종 꿈이 없다고 방황하거나, 고민하는 친구들을 보곤 한다. 나 역시도 그랬다. 자신의 꿈과 목표가 있다고 말하는 친구 옆에 아직도 꿈 없이 고민하고 있다고 걱정하지 않았으면 좋겠다.

꿈보다 소중한 꿈길이 탄탄한 길목이 되어 미래의 나를 더 단단하게 키워줄 거라 생각한다. 하루하루가 소중한 꿈길들이 되길 바라며, 꿈꾸는 모든 이들을 격려한다.

[뮤지컬 〈렌트〉 공연 장면]

사진작가의 꿈

정 유 석
배우의꿈 포토그래퍼

1992년 어느 가을날.

난 머나먼 땅으로 향하는 비행기를 타게 되었다.

처음 타보는 비행기, 처음 가보는 외국, 나에게는 모든 게 처음이라는 수식어를 가지고 프랑스행 비행기에 오르게 되었다.

이때부터 난 꿈을 꾸기 시작했다. 아무것도 없었던 나, 아무 시작도 하지 않았던 나는 무언가의 규칙이나 방향을 잡지 않으면 안 된다는 생각에 조그마한 실행을 하기 시작했다.

생각을 밖으로 표현하지 못했던 난, 정체되었던 나의 생각들을 Image로 표현하기 시작했고 그렇게 사진의 인생이 시작되었다.

그때 당시 20대에는 나의 스튜디오를 가지고 내가 보조가 아닌 사진작가로서 활동하는 게 꿈이었는데 조금은 빠르게 난 꿈을 이루게 되었다.

꿈은 언제나 시작인 것 같다.

꿈을 꾸고 이루어 내었다고 생각되었을 때부터 그 꿈을 지키려고 험난하고 힘든 세월을 앞만 보고 잘 달려 왔는지 모른다. 그래서 지금은 행복하고 즐거운 꿈을 다시 꾸려고 한다.

앞으로도 그 꿈은 힘든 일이 있을 때도 정신적으로 지쳐 있을 때도 나를 일으켜주고 웃게 해주지 않을까.

조금은 구체적인 꿈을 꾸고 계획하고 준비한다면 모든 꿈은 이루어지리라 확신한다.

그것이 사진작가 정유석이 꿈을 꾸는 이유다!

내가 바라는 내 아이의 꿈과 나의 꿈

김 수 진
배우의꿈 학부모 멘토(송연우 어머니)

누군가의 꿈을 들여다 보면 그가 어떤 사람인지 알 수 있다.
지금 당신의 모습은 당신이 과거에 꾸었던 꿈이다.

지금 당신 모습이 마음에 들지 않더라도, 당신의 꿈은 당신이 꾸었고,
그런 꿈을 꾸어오는 동안 현재의 당신이 만들어졌음을 기억하라.
–『위대한 나』, 〈매튜 캘리〉

엄마라는 나를 통해 세상에 태어나서 살아갈 아이가 평생 불리길 바라는 이름을 짓는다는 것이 아이를 가진 부모에게는 모두가 각별하듯 나에게도 참 귀한 숙제였다. 게다가 어린 시절부터 주변에 흔하디흔한, 그래서 그 이름이 참으로 싫었던 나는 내 아이에게는 흔하지 않는 특별한 이름을 지어주고 싶었다.

그렇게 해서 고심 끝에 만들어진 아이의 이름은 고울 연(姸), 도울 우(祐)의 '연우'다. 아이가 이 이름을 지금의 나처럼 좋아하는지는 알 수 없지만 나는 내 아이가 세상에서 곱고 아름답게 자신을 돕고, 총명하게 다른 사람들을 도우면서 살아가길 바라는 꿈을 가졌다.

그렇게 아이의 이름을 지어 하루에도 수십 번 아니 수백 번 부르면서 그 이름대로 살아가기를 바라는 마음을 갖게 되자, 신기하게도 흔하디 흔해서 바꾸고 싶었던 내 이름에 대해서도 수용하게 되었고, 지금은 고인이 되신 아버지가 정성껏 지어주신 이름의 뜻도 알아차리게 되었다.

세상에서 '빼어난 보배' 같은 사람으로 살아가라는 의미의 이름인 '수

[뮤지컬 〈렌트〉 공연 장면]

진'은 세상에 나가 많은 것을 이루며 남들이 부러워할 빼어난 삶을 바란다는 것이라기보다는, 어린 시절 부모님을 여의신 아버지에게 내가 세상에 둘도 없는 소중한 보물 같은 아이였다는 의미로 다가오자, 성실하게 노력해서 부모가 인정해줄 만한 무엇인가를 성취해야 한다는 부담감이 사라지면서 마음이 가벼워지고 따뜻해진다.

그 가벼움과 따뜻함으로 나는 하루에도 수십 명씩 수업으로 만나는 아이들의 이름들이 하나하나 귀하고 소중하게 여겨진다. 그래서 그들의 이름들을 마음 깊은 곳에서부터 귀하게 불러주고 싶다.

'내 아이가 곱고 아름답게 세상을 도우며 살아가기를 바라는 나의 꿈은 지금 실현되어 가고 있을까?'

'내가 사람들에게 사랑받길 바랐던, 무엇보다 자신이 가장 많이 사랑하셨던 내 아버지의 꿈은 실현되어 가고 있을까?'

나는 연우가 초등학교 3학년 무렵 근무하던 학교의 축제 때 교사들과 함께 하는 공연을 며칠간 연습해서 함께 무대에 올렸다.

조그맣고 사랑스러운 아이는 천여 명이 넘는 낯선 사람들 앞에서 긴장되고 걱정되는 마음이었을 텐데 정말 열심을 다해 공연을 마쳤고,

공연을 마친 후 많은 사람이 찾아와 "어쩜 그렇게 잘하냐."는 칭찬과 감탄을 생생하게 전해 들으며, '내가 전혀 알지도 못하는 낯선 이 사람들이 나의 움직임을 보고 많이 행복해 하는구나.' 하며 배우가 되려는 이 길을 시작하는 첫걸음을 내딛었는지 모른다.

그 후로 세상을 곱게 도울 아이는 무럭무럭 자라, 자신이 가고 싶은 길을 가기 위한 꿈을 꾸고, 그 꿈을 향해 하나씩 서툴지만, 움직여 단단한 걸음들을 디뎌간다. 그 소중하지만 단단한 걸음들을 곁에서 함께 걸으며 나 또한 내 걸음을 걷고 있다.

그 걸음들이 결국 어딘가에 다다를지 알 수 없지만 아이는 꿈을 가지고 걸음을 디뎌가는 그 걸음 속에서 곱고 아름답게 자신을 돕고, 세상을 도울 것이다.

그리고 그 삶의 과정 과정에서 연우가 자신의 수많은 선택들과, 만나게 되는 많은 사람들과 함께 성장해 나가는 것을 바라는 것은 나와 함께 지금 인생의 길을 걸어가는 내 아이에게 바라는 나의 꿈이다. 그렇다면 내 꿈은 이미 이루어졌고, 지금도 현재 진행형이다.

우리 아이의 꿈은 뮤지컬 배우입니다

최종분
배우의꿈 학부모 멘토(김나영 어머니)

"엄마 나 뮤지컬 배우가 되고 싶어요."

나에게는 두 딸이 있다. 하고 싶은 것도 많고 무엇이든 앞장서서 해야 하는 큰딸과 사람 만나는 것이 두려워 집에만 있으려 하던 작은딸이다.

어릴 적 우리 딸 나영이는 말수가 참 적은 아이였다. 자기의 의견을 내세우거나 고집을 피워 본 적도 떼를 써본 적도 없는 그냥 하얗고 말없고 예쁘장하게 생긴 아이로 기억되는 그런 소극적인 아이였다.

아이의 성격을 바꾸려고 여행도 많이 다니고 지인의 소개로 연기 학원도 보내면서 많은 사람과 어울리게 만들었지만 쉽게 바뀌지는 않았다. 자신을 내보이는 것이 많이 부끄러워 감정 표현이 서툰 아이였다.

그러던 중 우연한 기회에 큰 무대에서 공연할 수 있는 뮤지컬 작품을 하게 되었다. 한 번도 무언가 적극적으로 하려 하지 않았던 아이가 성인과 함께 더블 캐스팅된 배역을 소화하기 위해 밤낮없이 연습하는 모습을 보며 많이 놀랐다.

무대 위 그 많은 관객 앞에서 노래하는 모습을 보며 너무 기뻤다.

우리 부부의 목적은 단 하나, 우리 아이가 사람들 앞에 서는 것을 두려워 않았으면 하는 것뿐이었다. 공연을 하면서도 꿈에 대해 확실하게 이야기하지 않던 아이가 뮤지컬 〈위키드〉라는 작품을 보고 온 후 뮤지컬 배우의 꿈을 꾸게 되었다. 꼭 〈위키드〉라는 작품의 엘파바를 하겠다는 꿈이었다.

꿈이 정해진 후 아이는 많이 달라지기 시작했다. 사람들 만나는 것을 두려워하던 아이가 학교 축제 사회도 보고, 지역사회 공연도 하면서 점점 사람들 사이에 들어가고 있었다. 스스로 그 두려움을 극복하려 노력하고 있었던 것 같았다.

하지만 부모로서 단지 연기 학원에 보내고 작품을 보여주는 것 이외에 해줄 수 있는 것이 한정되어 있었다. 그러던 중 찾아온 배우의꿈이라는 오디션의 기회, 2차 오디션을 보고 온 후 불합격일 거라는 말을 하며 울던 나영이가 생각난다.

오디션에서 떨어져도 절대 울지 않던 아이였기 때문이다. 그만큼 나영인 배우의 꿈이 간절했던 것 같다.

'꿈은 꾸는 자의 것'이라던 나영인 당당히 합격했고, 〈헤어스프레이〉라는 작품의 여주인공까지 하게 되었다. 〈헤어스프레이〉 작품을 준비하는 아이를 보며 많이 안쓰러웠다.

가끔은 내 안에 부모가 아닌 학부모가 불쑥 튀어나와 아이와 종종 갈등했던 기억도 난다. 늦은 시간까지 연습하며 피곤한 얼굴로 지하철에서 내리던 아이의 모습에 "힘들지~" 하고 물었을 때 "엄마 난 지금 너무 행복해요."라고 말하는, 부모가 시켜서 했던 어린 시절의 나영이가 아닌 스스로 꿈을 찾고 그 꿈을 향해 노력하고 달려가고 있는 많이 성장한 나영이를 보았다.

"어릴 적에도 뮤지컬 했었잖아."라는 나의 말에 "그땐 어른들이 시키는 대로 움직이고 노래하고 했던 거잖아. 나 스스로 대본을 분석하고 고민하고 했었던 게 아니었는데 지금은 스스로 맡은 배역을 연구하고 찾아가는 게 좋아!"라고 말한다.

아이는 어느새 꿈을 이루기 위해 무엇을 준비해야 하는지, 그리고 끊임없이 노력해야 한다는 것을 배우고 스스로 터득하고 있었다. 그것을 대견스러워 하면서도 부모이면서 학부모인 엄마는 아이에게 대한민국의 교육현실을 핑계 삼아 더 많은 것을 요구하며 딜을 하기도 하는 야누스의 얼굴을 한, 아이에겐 참 미운 엄마이기도 할 것이다.

청소년들에게 꿈이 무어냐 물어보면 대다수가 대답하지 못한다고 한다. 커서 무엇을 하고 싶냐고 물어보면 남에게 인정받는 직업을 갖고 싶다고 말한다. 그리고 남에게 인정받는 직업을 갖기 위해 한 등급이라도 더 올리려 애를 쓰는 아이들을 보며 '10년, 20년이 지난 후 저 아이들이 행복할까.' 하는 생각을 해본다.

나의 청소년 시절 잠시나마 내가 꿈꾸었던 일을 지금 하고 있다면 어땠을까. 박정자 선생님의 연극을 보고 연극배우가 되고 싶었던 18세의 소녀가 지금 무대 위에 서 있다면…. 그 시절 "딴따라는 배고프다."라는 부모님의 말보다 내 꿈을 선택했다면 어땠을까, 가끔 후회도 해보고 그 시절 그 소녀를 그리워 해보기도 한다.

배우의 꿈을 꾸고 있는 내 아이의 앞날이 순탄하지는 않을 거라 생각한다. 많은 어려움에 부딪힐 것이고 좌절도 할 것이다. 하지만 스스로 가장 행복한 꿈을 선택한 아이는 이겨 나갈 거라 생각한다. 남이 정해준 꿈이 아닌 스스로 정한 꿈이니까.

아이에게 입시의 무게감을 얹어주는 엄마로 돌변하기도 하지만 배우의꿈 4기 무대 위 트레이시 나영이와 함께 무대 밖 트레이시가 되어 넘버를 외우고 대사를 외우던 그 엄마가 이젠 배우의꿈 5기 〈렌트〉의 무대 위 나영이와 함께 무대 밖 '조앤'이 되어 본다.

그리고 〈위키드〉의 넘버처럼 내 아이는 충분히 하늘을 날 자격이 있다고 생각하며 응원한다. 아이에게 부모의 응원만큼 더 큰 디딤돌은 없을 테니까.

[뮤지컬 〈렌트〉 공연 장면]

인생에서 가장 소중한 순간은 바로 오늘

김 지 은
배우의꿈 학부모 멘토(권서연 어머니)

6살부터 치기 시작한 피아노. 처음 몇 년간은 정말 재미있었다. 피아노 치며 노래 부르고 교회 반주에 작곡도 하며 나름 피아노의 매력에 흠뻑 빠져 있었다. 화려한 드레스에 조명을 받던 피아노 콩쿠르와 빛나던 트로피도 무척이나 좋았다.

하지만 몇 년간 지속적으로 배우던 피아노가 점점 지겨워지기 시작했고 레슨 시간이 다가오면 도망가고 싶을 때가 많아졌다. 늘 춤추기 좋아하고 초중학교 시절 절반을 고무줄놀이, 피구, 땅따먹기 놀이를 즐겨하는 아주 활동적이었던 나에게 가만히 앉아서 건반만 치는 건 정말 괴로운 일이었다. 그 시절, 난 내 꿈이 뭔지 몰랐다.

그런 내가 아이의 엄마가 되고 나서 했던 가장 큰 결심이 꿈을 찾게 도와주자, 진정 아이가 좋아하고 행복할 수 있는 공부를 하게 해주자는 것이었다. 하지만 서연이 또래 아이들은 유아기 때부터 알파벳과 학습지를 시작해야 했고 엄마들은 그런 분위기에 뒤처질까 늘 전전긍긍했다. 나도 그랬다. 분위기에 휩쓸릴 때도 많았고 학교에 들어가지도 않은 아이에게 어려운 영어 단어를 외우게 했다. 그러면서도 늘 후회하고 다시 다짐하고 그 과정을 수없이 반복하고 고민했다.

그러던 어느 날 5살이 채 되지 않은 서연이가 걸그룹 댄스를 놀랍도록 빠르게 습득하며 따라 추는 걸 보고 댄스학원에 등록했다. 웨이브를 하는 서연이가 정말 심상치 않아 보였다. 영어단어 외우는 건 힘들어 해도 영어로 된 대본은 금방 외워버렸고 새로운 춤이나 노래는 한

번만 보고 들어도 바로 따라 했다.

서연이는 어릴 적부터 참 많은 것에 도전해 왔던 것 같다. 뮤지컬 활동뿐 아니라 해외봉사 공연, 뮤직비디오 촬영, 합창단, 현대무용, 오디션 프로그램 도전까지. 다양한 경험이 훗날 살아가는 데 얼마나 많은 도움이 되는지 알기에 하나라도 더 경험하게 하기 위해 최선을 다했다.

그렇게 서연이는 나에게 새로운 도전과 기대를 하게 했고 더 부지런한 엄마로 만들어 주었다.

주변에서 제일 많이 듣는 말이 서연인 빨리 자기 꿈을 찾아 좋겠다는 말이다. 그런 서연이는 어찌 보면 이 시대 아이들 중 행운아인 것 같다. 하지만 단지 꿈을 빨리 찾아 행운아인 게 다가 아니다. 남들보다 빨리 찾은 꿈을 좇기 위해 몇 배로 더 열심히 해야 한다. 노력 없이 꿈만 좇는 것은 아무 의미가 없다.

걸그룹 가수가 꿈이던 서연이가 무대에 올라 연기하는 것이 정말 가슴 벅차다며 뮤지컬 배우가 되고 싶다는 말에 그 언저리에라도 있게 해주고 싶어 열심히 알아보고 기회를 마련해 주었다. 기특하게도 서연이는 늘 열심히 잘 따라와 주었고 단 한 번도 하기 싫다는 말을 해본 적이 없었던 것 같다.

무더웠던 작년 여름. 기대 없이 지원했던 배우의꿈 4기 최종합격 문자를 보자마자 떨리는 가슴을 부여잡고 혼자 방방! 뛰었다. 그 순간은 세상을 다 가진 것 같았다. 늘 노력했던 결과에 드디어 좋은 기회가 온 것이다. 그렇게 부푼 꿈과 기대를 안고 시작되었던 헤어스프레이 공연 연습. 유난히 더웠던 그 여름을 서연이와 모든 배우 선생님들이 기대 이상의 감동과 멋진 경험을 선물해주셨다.

학기말 고사와 학교 생활을 병행하며 늦은 밤까지 삼각김밥과 컵라면을 친구삼아 정말 많은 노력과 정성을 쏟았다. 우리 부부는 밤늦게 들어오는 딸을 기다리고 전신 마시지를 해주며 하루를 마무리해야 했고 부족한 잠과 지친 체력에도 너무 재밌고 행복하다며 늘 즐거워하는 서연이를 보며 덩달아 우리도 참 행복했다.

그렇게 시작된 공연에서 엠버 서연이는 내 눈엔 세상 제일 예쁘고 멋진 배우였다. 부족한 면도 많았지만 단 한순간도 게으르지 않고 온 힘과 열정을 다 했던 무대라 마지막 무대 후 펑펑 울던 아이들을 보며 이루 표현할 수 없는 감동과 고마움이 느껴졌다. 난 늘 무대 위 서연이가 부럽고 연기를 하고 있는 서연이를 보면 늘 가슴이 뛴다.

대부분 늘 팀의 막내였던 서연이는 어린 나이에 단체 생활에 적응하며 지내는 시간을 통해 큰 경험과 삶의 지혜를 배웠을 거라 믿는다. 무엇과도 비교하지 못할 정말 값진 경험들이다. 나는 지금 이 순간까지 후회하지 않는다. 세상에는 더 좋은 직업과 일들이 많겠지만 한순간도 변함없이 한길만을 바라보고 열심히 하고 있는 서연이의 꿈과 노력에 박수를 보내며 늘 응원한다.

가끔은 나도 '나와 서연이가 가고 있는 이 길이 과연 바른 길일까?' ,'과연 좋은 대학은 갈 수 있을까?', '뮤지컬 배우가 될 수 있을까?'라는 고민에 빠진다. 하지만 서연인 자기가 가장 행복한 일을 하고 있으니 그것으로 됐다. 적어도 서연인 가슴 벅찬 일을 하고 있으니까. 더불어 지은아 너도 잘하고 있어! 나 자신도 다독여 주고 싶다.

훗날 지금을 되돌아보며 미소 지을 수 있는 날을 기대하며 더욱 멋지고 열정적인 배우의꿈 5기 〈렌트〉 파이팅!!!

[뮤지컬 〈렌트〉 공연 장면]

꼰대가 효자에게

김 민 식
배우의꿈 학부모 멘토(김경준 아버지)

그날 나는 하늘이 무너지는 소리를 들었다. '우리 아들 눈이 안 보인다니….', '그런 끔찍한 일이 우리에게 일어나다니….', '왜? 도대체 왜 우리에게 그런 끔찍한 일이…?'

내가 우리 아들과 딸에게 항상 하던 말이 있었다. "니들은 평생할 효도를 3살 이전에 다 했다." 우리 아들은 물론이고 그 누나도 그렇게 예뻤다. 아버지 눈이라서가 아니라 진짜로. 하지만 나는 아들에게 그렇게 좋은 아버지는 아니었나 보다.

초등학교 졸업할 때 국회의원상을 받아올때도, 태권도 4단을 땄던 중학교 1학년 때도, 아니 그 전부터도 항상 자랑스러웠지만, 자랑스럽다고, 훌륭하다고, 말 한마디 못해줬다. 오히려 남들은 다 넘어가는 조그만 일에도 굳이 엄격함을 드러내 아들을 눈물 나게만 했었으니까.

꿈이 무어냐는 이야기를 자연스럽게 할 기회가 있었던 것 같다. 누나가 고등학교에 가고 문/이과를 선택하던 중학교 1학년 때쯤 명확하게 가고자 하는 길을 얘기하는 누나와 달리 아들은 꿈이 없다고 했다. 그때 나는 무슨 소리냐며 꿈이 없이 어떻게 목표를 정하고 거기를 향해 갈 수 있냐고 꼰대짓을 했던 기억이 난다. 물론 지금은 부끄러워 몸둘 바를 모르지만, 그때는 그랬다. 정확히 기억나지는 않지만 그때 우리 아들은 꿈을 찾아가는 과정도 얼마나 중요한지에 대해 열변을 토했던 것 같다. 눈물을 흘려가면서, 알아 듣지도 못하는 꼰대에게.

눈이 보이지 않는 이유를 알고 앞으로 얼마나 험한 길을 가야 하는

지를 생각하며 우리 가족 모두 겉으로는 웃고 속으로는 눈물을 흘리던 그때, 아들이 뮤지컬을 하고 싶다는 얘기를 꺼냈다. 육체적인 상황이 마음을 참 어렵게 만들고 있을 텐데 오히려 꿈을 찾아가는 과정의 결과를 이야기했다. '배우의꿈'을 이야기하고, 혼자서 오디션을 준비하고, 이제는 무대에 서는 이야기를 한다.

사실 이때 꼰대였음을 깨달았다. 나이가 들면서 주변에 내 말을 듣는 사람이 늘어나면서 나한테 생긴 꼰대 의식이 아들로 인해 부끄러움으로 바뀌었다. 벌써 이렇게 컸다는 사실을 느꼈다. 효도가 3살 때 끝나지 않았음도 느꼈다. 이제는 아들의 꿈을 믿을 용기가 생겼다.

장애로 인해 모든 것이 바뀐 채로 고등학교 생활을 시작하는 아들이 온 몸으로 운동장을 호령하며 살던 중학교 때보다 더 즐겁다는 말을 자주한다. 스스로 찾은 꿈이기에 그러하리라.

스스로 꿈을 찾는 과정을 얘기하고 육체적인 어려움도 상관없이 꿈이라는 걸 만들어가는 아들한테 내가 더 해줄 수 있는 게 뭐가 있겠는가? 내가 오히려 배우고 있는걸.

'배우의꿈'이 무대에 서는 꿈이 아니라, 꿈을 꿀 수 있는 배움터라는 걸 아들은 이미 알고 있다. 아직 애기로 기억하고 싶은데, 아들은 나보다 더 큰 어른이 되어 버렸다. 여드름을 가진 채. 고맙고, 자랑스럽고, 진짜 멋있는 아들! 그래도 아버지가 더 어른인 척 한 번만 하자.

不患無位 患所以立:
자리가 없음을 근심하지 말고, 그 자리에 설 실력이 없음을 걱정하라.
不患莫己知 求爲可知也:
남이 알아주지 않음을 걱정하지 말고, 알려질 수 있는 실력을 쌓아라.

– 『논어』, 〈이인편〉

아름다운 도전, 공을 차야 숲이 들어간다

민 병 진
배우의꿈 학부모 멘토(민하늘 아버지)

어제 모처럼 부서 워크숍을 끝내고 회사 황 수석과 함께 저녁 식사를 함께 했다. 황 수석은 5년 동안 같은 팀에서 일하며 사업에 많은 도움을 받고 있는 회사 동료다. 때문에 저녁 식사 자리에서도 주로 부서 업무나 사업에 대한 주제로 얘기를 많이 해왔는데, 언제부터인가 간간이 가족과 자녀에 대한 이야기가 늘어나는가 싶더니 어제는 자녀의 진로에 대한 얘기가 주제에 올랐다.

그는 씨름 선수와 견줄 수 있는 우람한 외모의 소유자인데 외모와는 다르게 외동아들과 보이스카웃 캠프도 함께 가고, 부자 여행도 가며, 집에서 요리까지 하는 의외로 가정적인 사람이다.

아버지의 가정적인 모습에서 진로를 찾았는지 그 아들의 꿈은 바로 셰프(Chef: 요리사)라고 한다. 처음에 요리에 관심이 많은 것이 학과 공부가 하기 싫어서 그런 것은 아닌지 의구심이 있었으나 왜 셰프가 되고 싶은지 물어보니, "요리하는 것이 매우 즐겁고, 항상 새로운 것을 만들 수 있으며, 또 요리 결과를 바로 확인할 수 있어서."라고 딱 부러지게 얘기하더란다. 전문 셰프가 된다면 누구나 만들 수 있는 코스 요리를 개발하겠다는 꿈이자 철학도 갖고 있는 것을 보고 지원하기로 결정했다고 한다.

본인의 진로를 진지하게 얘기했고 결국 부모의 지원 속에 요리 전문 고등학교 진학해서, 최근에 벌써 경진대회 1등도 하는 성과를 거두었다고 한다.

하늘이와 동갑인 고등학교 1학년인 황 수석 아들은 이제 좀 더 구체적으로 꿈을 키우기 위해 스위스 혹은 호주 유학도 준비하고 있다고 한다.

저녁 식사 이야기는 자연스럽게 우리 하늘이에게로 향했는데, '보니하니' 오디션에 합격했던 것을 아는 황 수석은 하늘이의 진로가 궁금했다. 작년에 EBS 보니하니 프로그램 MC 오디션에 하늘이가 1, 2차에 합격했고, 끝까지 완주하지는 못했으나 방송국 MC 오디션이라는 뜻깊은 경험을 했었기 때문이다.

하늘이는 이미 중학교 때부터 대안학교(밀알두레학교)에 진학해서 학과 공부와 더불어 진로 상담, 체험 교육을 통해 미래의 모습을 고민하고 있었다.

보니하니 오디션 후 더 고민이 되었으나, 하늘이는 그 고민을 좀 더 구체적인 꿈으로 연결시키려는 노력을 하고 있었던 것 같다. 갑자기 배우의꿈 오디션에 합격했다는 것이다.

[뮤지컬 〈렌트〉 공연 장면]

사실 걱정은 되었으나 가족 모두는 기뻐했고, 좋은 기회가 주어졌으니 뮤지컬 준비에 최선을 다하기로 하고 응원하고 있다.

시작이 반이라는 얘기가 있다. 황 수석의 아들이나 배우의꿈 배우 후보생들이나 모두 50%를 얻고 시작하는 것은 아닐까? 요즘 찌는 듯한 더위에 매일 같이 12시에 들어오는 하늘이를 보면 마음이 짠하기도 하지만 대견하기도 하다. 억지로 하는 일이라면 아마 일주일이면 나가떨어졌을 것으로 본다.

배우의꿈에 참석하는 대부분의 배우 후보생들도 절실히 원해서 하는 연기이니, 지금 주어진 기회에 최선을 다해 끝마친다면 인생에 너무나 훌륭한 포트폴리오가 만들어질 것이고, 이런 성공의 기억은 내 일생을 통해 계속 업데이트 되어 각자 인생을 살아가는 자양분이 될 것이라 생각한다.

적성 찾기, 이는 각 개인의 전 인생에서 항상 도전 받는 명제일 텐데, 훌륭하신 선생님들의 헌신적인 지도 아래 이제 8월 말에 작품을 올리게 되는 뮤지컬 〈렌트〉는 인생에서 잊지 못할 경험이 될 것이라 생각된다.

브로드웨이 뮤지컬의 미래라고 했던 〈렌트〉의 작곡가 조나단 라슨은 아주 성공적인 개막을 앞둔 렌트를 지켜보지 못하고 생을 마감했다. "인생에서 가장 소중한 순간은 바로 오늘(No Day But Today)"이라 외치는 렌트의 주인공들처럼 치열하게 살아가고 있는 '배우의꿈' 배우 후보생들의 오늘의 삶에 찬사를 보낸다.

아팠다면 추억이고, 좋았다면 경험이다

장 수 경
배우의꿈 학부모 멘토(임다빈 어머니)

'꿈'이 무엇인가 묻는다면 명확하게 정의 내릴 수 있는 사람은 몇 없을 것이다.

그만큼 모호하고 여러 가지 모습이며 어디에든 있기 때문이다.

하고 싶은 일이 중요한지, 잘하는 일이 중요한지 아직도 고민이 된다. 내가 하고 싶은 일, 잘하는 일을 구분하기가 쉽지 않다. 엄마도 아직 꿈을 찾고 있고, 꾸고 있다는 걸 아이는 알까?

사람들이 아이에게 "다빈이는 공부 잘하니?", "학생인데 공부를 안 하면 어쩌니?", "다빈이는 뭐가 될 거니?"라고 물으면 아이는 무척 난처해한다.

엄마도 마흔이 넘었지만 사실 늘 불안하고 흔들린다.

"너는 왜 그러고 다니냐?", "앞으로 어떻게 할 거냐?", "이렇게 이렇게 해야지." 하고 충고해 준다면 참고할 수는 있지만 내 인생을 휘두르게 놔두고 싶지는 않다.

하물며 아이는 이제 열일곱 살인데 뭘 해야 할지 모르는 게 당연한 거 아닐까? 아무것도 안 하면 쓸모가 없는 사람인가? 그냥 있으면 안 되는 것일까?

아빠는 이랬고, 엄마는 저랬다고 하면서 아이를 답답해하고 한심해하기도 하지만 우리도 청소년기를 되돌아보면 사실 그때도 막막하고 힘들었다. 그러니 아이에게 "너는 왜 그러니?"라고 묻지 말아야 한다. 일종의 폭력이기 때문이다.

진짜 어른은 가만히 있다가 "너 뭐 먹고 살 거냐?"라고 물어보는 사람이 아니라 우리 아이들이 힘들어할 때, 살아가다가 불이익을 당했을 때 "그거 너무 부당한 거 같은데?"라고 공감해줄 사람이 아닌가 한다. 힘들 때 힘내라는 말이 때로는 폭력적이고 쓸데없다는 것을 어른들은 겪어봐서 잘 아니까 행동으로 함께 해줘야 한다.

나는 사람들 앞에서 노래하고 이야기하는 것을 좋아했는데 결국은 어린이집 선생님이 되었다. 아이들과 지내며 아이들이 가장 부러운 것은 아이들은 '진짜 꿈'을 꾼다는 것이다.

"넌 꿈이 뭐니?" 하고 물어보면 여러 가지 대답이 나온다. "비행기가 될 거예요.", "뽀로로가 될 거예요.", "번개맨이 될 거예요."라며 당당하게 이야기한다.

선생님은 "그래, 꼭 되어보자."라고 한다. 나는 그런 게 진짜 꿈이라고 생각한다. 이루어지고 말고의 문제를 판단하기 전 상태의 꿈 말이다.

"내 꿈은 뽀로로야!"라고 자신 있게 이야기 할 수 있는 용기가 우리에겐 필요하다.

꿈은 일단 마음속에만 있으면 안 된다. 털어놓으면 시원하고, 사람들이 알게 된다. 물론 꿈이 자주 바뀌어도 큰 문제는 없다. 꿈을 이야기해놓으면 나와 비슷한 생각의 사람들이 자연스레 모이고, 같은 꿈을 꾼다는 것으로도 충분히 행복하기 때문이다.

그러다 보면 조금씩 꿈이 커지기도 하고, 또 다른 생각의 재료들이 버무려져서 꿈이 바뀌기도 한다.

아이들의 꿈을 지지해주고 아이들이 가지고 있는 것을 그대로 놓아두는 것이 우리 어른들이 줄 수 있는 가장 큰 유산이다. 아이들에게 "너 뭐가 되고 싶어?"가 아니라 "너 뭐하고 싶어?"라고 물어봐 주어야 한다. 내 아이도 행복하고, 내 아이의 친구도, 내 아이의 선생님도, 내 아이의 친구의 부모도 행복한 세상이 되었으면 좋겠다.

나침반을 보면 바늘이 계속 불안하게 흔들린다. 나침반 바늘이 계속 흔들리고 있다는 것은 방향을 제대로 가리키려고 애쓰고 있다는 뜻이다. 그 바늘이 흔들리지 않고 멈추면 나침반으로서의 가치가 없어지는 것이다. 그러니 흔들리고 있다는 것은 올바른 방향을 향하고 있다는 증거란다. 참 멋진 말이다.

신영복 선생님의 『담론』에 나오는 내용이다.

살면서 실수하고 다른 사람들 눈치 보며 주눅이 들어서 힘겨워지고 고민이 될 때가 있다. 하지만 막상 부딪혀보면 대부분 내 힘으로도 이겨낼 수 있는 일이 더 많다. 별 일 아닌 일에 마음 졸이고 주눅이 들었던 것이다.

생각은 행동을 이길 수 없다. 지금 이 순간에도 실수를 하고 있을 수 있지만 진심을 다해서 자신을 믿고 저질러 보라. 지난 시간이 아팠다고? 아팠다면 추억이고, 좋았다면 경험이다.

"우리는 충분히 잘하고 있다."

[뮤지컬 〈렌트〉 설악문화제 공연 기념촬영]

[뮤지컬 〈렌트〉 커튼콜]

프로젝트 기록 (since 201

Channel
TH

배우의 꿈 PROJECT 1기 공연

"그대와 나, 그 꿈결같은 설레임"

강동아트센터 소극장 드림 〈한여름밤의 꿈〉 원작_W.셰익스피어

연 출_강병환 / 학생연출_문혜

8월13일(수)~14일(목) 늦은 8시 공연문의 02-473-1719

주최 (사)한국적성찾기 국민실천본부, (주)트루하모니 프로덕션 주관 TH액팅아카데미

출연 : 권도완 / 김선아 / 김시연 / 김이향 / 김정현 / 김지수 / 신동민 / 심규성 / 원단비 / 이찬욱 /

음악감독_황지현 | 안 무_장연실 | 움 직 임_장유정 | 연기감독_서재경 | 조명디자인_조성한 | 무대디자인_임 민 | 의상디자인 | 무대감독_정현

음향감독_김성욱 | 음향오퍼_홍예나 | 아 트 웍_박찬기 | 홍보사진_고일규 | 연 습 사 진_장정식 | 영 상 기 록_엄우식 | 프로듀서

한여름밤의 꿈

배우의 꿈 DREAMS COME TRUE

Enjoy! Acting!

배우의 꿈 2기 프로젝트

2nd ACTOR's DREAM PROJECT

Hello Dolly!

원작_ 손튼 와일더 / 연출_ 이근표 / 학생연출_ 조은비

울트라 러브 어드벤쳐 뮤지컬 코메디

ULTRA LOVE ADVENTURE MUSICAL COMEDY

문의 02.473.1719

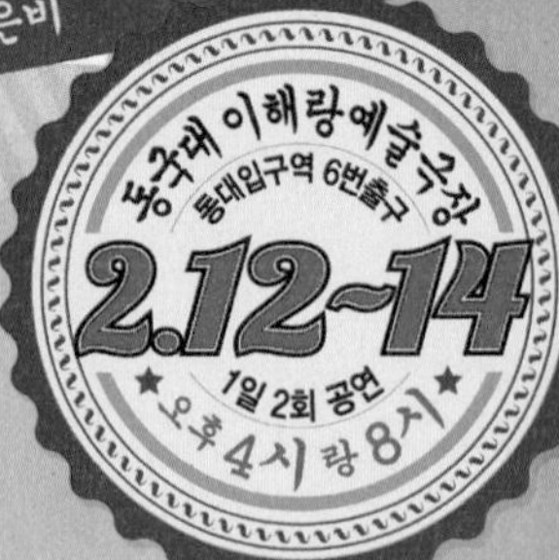

출 연 강세희 / 권다해 / 권도완 / 김민경 / 김선아 / 김시연 / 김재선 / 김현준 / 나유진 / 박윤석 / 백민혁
손동한 /송승현 / 원단비 / 육현주 / 윤지애 / 이시은 / 이찬욱 / 임정원 / 장혜린 / 지승민 / 최유림 / 홍지수

음악감독_ 황지현 | 안무_ 장연실 | 연기감독_서재경 | 움직임_장유정 | 보이스코치_박진선 | 미술감독_박성민 | 조명디자인_김상호 | 의상디자인_박정원 | 분장_김서윤
음향디자인_김성욱 | 무대디자인_박지영 | 연출부_장정식 | 무대감독_최진우 | 조명팀_최인화 | 아트웍_박찬기 | 홍보사진_고일규 | 진행_박은향/이수목 | 기획_김환희

주최  (사)한국적성찾기국민실천본부 Korea Aptitude Building Nation-wide Drive Center 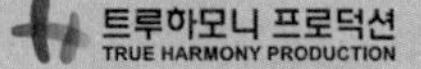 트루하모니 프로덕션 TRUE HARMONY PRODUCTION
주관  TH액팅아카데미 TRUE HARMONY ACTING ACADEMY
후원 

헬로, 돌리!

국립극장 KB청소년 하늘극장

2015. 12. 26(토)~27(일) 늦은 4시, 7시 30분

02-473-1719

출연 강세희 / 이소라 / 박윤석 / 김시연 / 권다해 / 정승지 / 나유진 / 고단비 / 오소다미 / 서지은 / 지승민 / 채희수 / 송승현 / 유시연 / 김선아 / 장재혁 / 용민중 / 고정모 / 김재선
학생조연출 장혜린 / 이시은 **객원출연** 박진선 / 이재근 / 임세훈 **예술감독** 김영봉 **프로듀서** 이근표 **음악감독** 황지현 **안무** 장연실 **움직임지도** 장유정 **보이스코치** 박진선 **분장디자인** 김종한
무대구성 강승구 **조명디자인** 주영석 **의상** 박정원 **레코딩** 오일정 **포토그래퍼** 정유석 **아트웍디자인** 김재인 / 김채윤 **홍보영상** 이경민 / 박준석 **다큐멘터리 학생감독** 이서현 **기획팀** 오상욱 **기획** 김환희

• **연출_** 김강수 • **주최_** (사)한국적성찾기 국민실천본부, (주)트루하모니 프로덕션 • **주관_** TH액팅아카데미

페임
EVERY THING

우 리 는 오 늘 , 무 대 위 에 서 진 짜 배 우 가 된 다 !

DREAM

GOOD MORNING
Baltimore

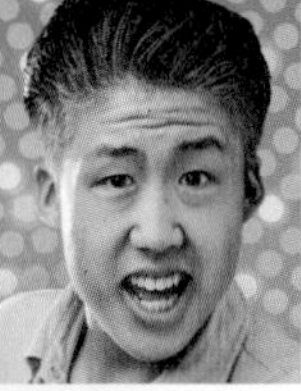

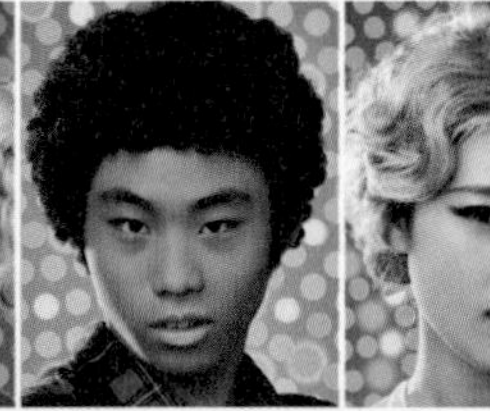

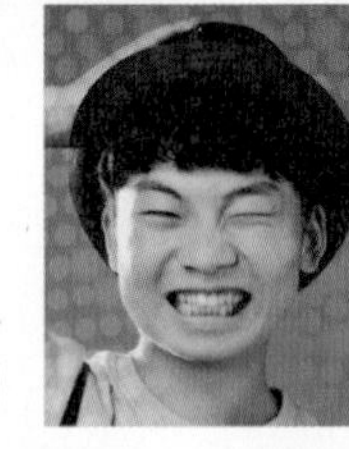

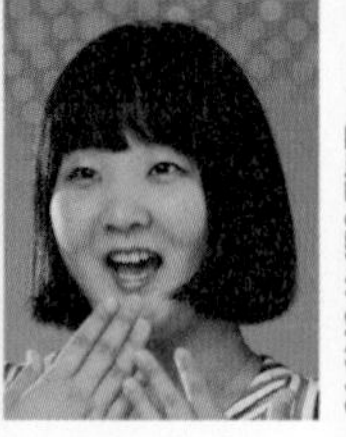

배우의 꿈
프로젝트 4기

HAIRSPRAY

2016. 8. 25(목) ▶ 28(일) | 목 7시30분/ 금.토 3시.7시30분/ 일 3시 국립극장 | KB하늘

뮤지컬 헤어스프레이

CAST 강세희 | 권서연 | 김나영 | 김영광 | 김자민 | 나유진 | 노상호 | 류제능 | 박민영 | 백혜인 | 송연우 | 양형규 | 이보경 | 이수현 | 이신환 | 이영현 | 이주연 | 이혜진 | 장은준 | 장혜린 | 전호준 | 조한비 | 채주영 | 최석환 | 최설희 | 최형욱 | 허지행

STAFF 예술감독 김영봉 | 음악감독 황지현 | 안무 장연실 | 연기감독 강연우 | 움직임트레이너 장유정 | 보이스코치 박진선 | 연기트레이너 윤안나 김서윤 오현채 | 무대 임민 | 조명 주영석 | 의상 박정원 | 분장 김종한 | 음향 김성욱 | 사진 정유석 아트웍디자인 김재인 | 홍보대사 서재경 | 기획 김환희

학생 STAFF 연출부 김시연 석정연 송채원 이다빈 | 기획팀 심규민 | 영상팀 김수빈 | 음향팀 강혜영 | 분장팀 정수경

주최 (사)한국액팅빌딩국민열린본부 | 트루하모니 프로덕션 TRUE HARMONY PRODUCTION 주관 TH액팅아카데미 TRUE HARMONY ACTING ACADEMY 후원 Let's Run FOUNDATION 협찬 GOODMEDIA 협조 서울특별시교육청 | MUSICAL PUBLIC

CREDIT

2016년 8월 25일(목) ~ 26일(일)
국립극장 KB청소년하늘극장(총 6회)

CAST

트레이시_강세희 김나영
에드나_전호준 채주영
윌버_류제능 이신환
페니_나유진 최설희
프루디_이혜진
앰버_박민영 권서연
링크_장은준 노상호
벨마_장혜린 백혜인
코니콜린스_양형규
셀리_김자민
태미_이주연
브렌다/듀안/카밀라_조한비
아이큐_이수현
펜더_허지행
모터마우스/쥬디네_이영현
씨위드/스투이_김영광 최석환
리틀이네즈_송연우
샤이나/로레인_이보경
길버트/교도관_최형욱

백그라운드보컬_
김예인, 윤영진, 지승민, 신현준
(TH액팅아카데미 입시반)

학생 STAFF

기획팀_심규민
연출부_김시연 석정연 이다빈 송채원
영상팀_김수빈
음향팀_강혜영 정단비
의상/분장팀_정수경

전문 STAFF

예술감독_김영봉
연출_이근표
음악감독_황지현
안무_장연실
연기감독_강연우
연기트레이너_윤안나, 김서윤, 오현채
움직임트레이너_장유정
보이스코치_박진선
조명_주영석
음향_김성욱
의상_박정원
분장_김종한
레코딩_오일정
무대감독_정현우
사진_정유석
영상_박용현
아트웍디자인_김재인
메이킹영상_고한밝
홍보대사_서재경
티켓매니저_차영은
기획_김환희

주최_(사)한국적성찾기국민실천본부,
배우의꿈프로덕션
주관_TH액팅아카데미
후원_렛츠런재단
협찬_(주)좋은미디어, 크리에이트스킨
협조_서울특별시교육청, 뮤지컬퍼블릭

SHOW
Channel TH
Baltimore

헤어스프레이

‘배우의꿈’ 그 후

이제부터가 ‘진짜’ 시작인 우리들의 이야기

* 취재 및 연재 : 심규민 (배우의꿈 홍보팀)

2017년 올해도 ‘배우의꿈 프로젝트’의 다섯 번째 작품 뮤지컬 〈렌트〉는 막을 내리고, 5기 프로젝트는 끝을 향해 달려간다. 비록 프로젝트는 끝이 나지만, 우리들에게는 이제부터가 꿈을 향한 도전의 시작이다. 5기에 이르기까지 배우의꿈 프로젝트를 거쳐온 이들은 현재, 그들의 ‘꿈’을 향해 어떻게 나아가고 있을까? 차세대 뮤지컬 배우와 연극 연출가가 될 이들을 만나보았다.

‘배우의꿈’ 최장기 참여 배우, 강세희

‘배우의꿈 프로젝트’ 2기부터 4기까지 최장기 참여한 강세희 배우는 ‘배우의 꿈’ 장인이라고 감히 말할 수 있다. 뮤지컬 배우를 꿈꾼다는 그녀는 올해는 대학 입시를 위해 달려왔고, 수시 합격이라는 좋은 결실을 맺고 내년 입학을 앞두고 있다.

가장 많은 기수에 참여한 배우로서 '배우의꿈'이란 어떤 의미인가?

'지팡이'라고 생각한다. 이전에는 그 때의 꿈이 방해물에 부딪혀서 여러 가지로 방황하고 포기해야 하나 생각을 하곤 했었다. 그때 배우의꿈을 만나서 배우의 꿈을 갖게 되었고 그 꿈이 나의 길잡이가 되어주었다. 그래서 좋은 분들을 만나 여기까지 올 수 있었고, 앞으로도 계속 내 길을 찾아나갈 것이다. 그래서 나에게 배우의 꿈은 앞이 안 보이던 나에게 길잡이가 되어준 지팡이라고 생각한다.

본인에게 뮤지컬의 가장 큰 매력은 무엇인가?

'노래'다. 한 인물의 감정과 상태를 음과 가사로 전달할 수 있다는 게 나에게는 큰 매력으로 다가온다. 그리고 2~3개월 동안 스태프와 배우들이 함께 흘린 땀과 노력이 합쳐져서 결국 무대에 올라가게 되는 것, 또 공연이 끝난 다음에 관객들에게 받는 박수는 항상 나를 행복하게 해주며, 모든 아픔과 힘듦을 잊게 해준다. 이 카타르시스 역시 뮤지컬의 매력이 아닐까?

어떤 뮤지컬 배우가 되고 싶나?

관객 한 분 한 분과 눈을 마주칠 수 있는 뮤지컬 배우가 되고 싶다. 연극과 뮤지컬은 관객과 배우가 서로 소통하고 호흡하는 것이다. 그렇기 때문에 관객 한 분 한 분은 너무나도 소중하다. 소중한 관객들과 눈을 맞추고 연기와 노래로 소통할 수 있는 배우가 되고 싶다.

'배우의꿈'을 통해 꿈꾸는 일이 '즐거움'임을 배웠다는, 배우 김나영

'배우의꿈 프로젝트' 4기 뮤지컬 〈헤어스프레이〉에서 주인공 트레이시 역, 5기 뮤지컬 〈렌트〉에서 조앤 역을 완벽히 소화해낸 배우 김나영. 그녀는 '배우의꿈'을 통해 배우가 자신의 길임을 확신하고 계속해서 배우의 꿈을 키워나가고 있다.

본인에게 '배우의꿈'이란?

'배움의 樂'이라고 생각한다. 배우의 꿈을 하면서 처음으로 배우는 것이 즐겁다고 느꼈다. 배우는 건 그저 어렵고 복잡한 일이라고 생각해왔는데 배우는 건 그저 어렵고 복잡한 일이라고 생각해왔는데 배우의꿈을 하면서 '힘들다'보다 '즐겁다'라는 단어를 더 많이 사용하는 내 자신을 보게 되었기 때문이다 되고 싶다.

본인에게 '연기'란?

'통장'이다. 통장에 돈을 저축하고 유지하는 것은 너무 어려운데, 반대로 돈이 떨어지는 건 진짜 한 순간이다. 연기도 똑같다. 연기 실력을 높이는 건 굉장히 힘들다. 하지만 힘들다고 쉽게 하려다 보면 이미 연기 실력은 바닥나있을 만큼 한 순간에 실력이 줄어든다. 부자가 쉽게 될 수 없듯이 연기도 쉽게 원하는 대로 따라 주지 않는다며 차곡차곡 연기에 대한 노력과 성실함을 쌓아가다 보면 언젠가 자신의 통장에도 엄청난 내공들이 쌓여있을 거라고 생각한다.

어떤 뮤지컬 배우가 되고 싶나?

'계란간장밥' 같은 배우가 되고 싶다. 계란간장밥은 안 먹어본 사람은 있어도 한 번만 먹어본 사람은 없을 정도로 많은 사람이 찾는 음식이 아닌가? 동시에 굉장히 친근한 음식이다. 관객들이 나의 공연을 보고 친근하다고 느낄 수 있었으면 좋겠고, 동시에 내 공연을 안 본 사람은 있어도 한 번 본 사람은 없을 정도로 계속 찾게 되는 뮤지컬 배우가 되고 싶다.

이제는 '배우'가 아닌 '연출가'의 꿈을 꾸며, 이혜진

'배우의꿈 프로젝트' 4기 뮤지컬 〈헤어스프레이〉에서 프루디/스프리쳐 회장 역을 맡았던 배우 이혜진은 더 이상 배우의 꿈을 꾸지 않는다. 배우가 아닌 '연출'로 진로를 바꾸고 올해는 연출 전공 대학 입시를 준비하며 연출가의 꿈을 키워가고 있다.

4기에는 배우로 참여했다. 왜 배우에서 '연출'로 진로를 바꾸게 되었나?

복합적인 이유이다. 내면의 특성들이 '배우보다는 연출에 가깝지 않을까?' 라는 생각이 들었고, 주변 사람들도 연출이 더 잘 맞는 것 같다고 얘기하곤 했다. 때마침 연출을 배워볼 수 있는 기회가 있어 '배워보자! 그리고 정말 나에게 맞는 일인지 확인해보자!' 하고 시작하게 되었다. 엄청난 동기가 있던 것은 아니지만 지금은 점점 연출이라는 것에 즐거움과 보람을 느낀다.

어떤 연출가가 되고 싶나?

'나눠주는 연출가'를 희망한다. 공연 예술을 하거나 보면서 느낀 감동을 느껴보지 못했거나 기회가 없는 사람들에게 나눠주고 싶은 소망이 있다. 물론 공연의 재미와 감동이 나에게 그랬던 것처럼 모든 사람들에게 큰 파장처럼 다가와서 삶을 바꿔놓지는 않겠지만, 적어도 예술과 먼 사람들에게 가까이 가져다주고 싶다. 아마 계속 연출을 배워나갈 것이고 점점 경험과 지식이 쌓일 것이다. 쌓이는 만큼 필요한 사람들에게 나눠주는 연출가가 되고 싶다.

아직 꿈을 찾지 못한 또래의 청소년들에게 한마디 전한다면?

꿈이 있다면 한 번쯤 도전해봐야 한다고 생각한다. 너무 많이 고민하다가는 나처럼 늦게 자신이 좋아하는 것을 찾을 수 있다. '이것이 내 꿈이야!'라고 생각한다면 일단 도전해보아라. 찾으려고 마음만 먹으면 청소년들에게도 연출을 배울 수 있는 기회, 무대에 서 볼 기회 등 많은 기회들이 열려있다. 한 번 도전하고 나면 정말 다른 사람이 되어서 앞으로 가야 할 길이 잘 보일 거라고 생각한다.

우리들은 지금 이 순간에도 꿈을 향하여 달리고 있다.
'배우의꿈 프로젝트'는 당신의 꿈을 응원하고 있다. 지금까지도.

* '배우의꿈, 그 후'는 프로젝트 기간 이후에도 지속되는 '배우의꿈'과 '배우의꿈 사람들'에 관한 이야기를 담아 4기 기획팀에 선발된 이후 이제는 배우의꿈 홍보팀원이 된 심규민 학생이 기획 및 취재하고 네이버 블로그를 통해 연재하고 있습니다.

배우의꿈을 만들어가며

김 환 희
배우의꿈 기획실장

매년 '배우의꿈 프로젝트'를 통해 배우를 꿈꾸는 아이들을 만나고 여러 청소년들과 상담을 하다 보면 이런 질문을 많이 받곤 한다.

배우가 되고 싶어요, 연극영화과에도 가고 싶고 오디션에도 통과하고 싶고요. 그런데, 우리집은 가난해요. 그럼 어떻게 하죠?

나는 배우가 되고 싶은데 엄마가 못하게 하는데 어떻게 하죠?

처음 이 일을 시작했을 때는 그런 아이들이 안타깝다는 생각과 내 힘이 닿는 한 어떻게든 기회를 주고 싶은 마음이 컸지만, 해를 거듭할수록 이런 질문을 반복적으로 듣다 보니 말문이 턱 막히고 가슴이 답답해지며 속마음은 이렇게 말한다.

그럼 어쩌라는 말이니? 무슨 대답을 듣길 원하는 거야?

언젠가 모 대학의 연극영화과 교수님께서 이런 말씀을 하신 적이 있다. 솔직히 돈이 없는 애들은 이건 진짜 하지 말아야 돼.

아니 이건 또 무슨 소린가. 가난하면 꿈도 접으라는 건가. 이게 교육자로서 할 소린가.

배우가 되기 위해 일찌감치 연기학원에 등록해 교육을 받고, 기획사나 극단 오디션을 전전하며 경쟁하고, 보컬, 무용, 악기 등 각종 특기에 이르기까지 남들보다 돋보이기 위해 하나라도 더 배우려는 아이들이 수두룩한 현실에서 지금 아무것도 하지 못하고 있다면 경쟁력이 떨어지는 것만은 자명한 사실이다. 아이러니하게도 예술을 배울 때에는 비싼 교육비를 지불하는데, 정작 예술가는 배고픈 직업이라고들 한다. 그러니 가난한 사람이 진짜 예술가가 되는 길도 험난하지만, 된다 해도 금전적 성공은 거두기 어려우니 결국 지긋지긋한 가난에서 벗어나는 것도 어렵게 되는 셈이다. 그 교수님의 말씀이 속물적 발언이 아닌 이러한 현실에 대한 자조임을 알기에 그 자리에선 웃어 넘겼지만 씁쓸하게도 암묵적인 동조를 할 수밖에 없었다.

누구나 주지하다시피 예술 분야는 상대적으로 교육비 부담이 큰 편이다. 하지만 지금 그렇지 않은 분야가 어디 있던가. 개천에서 용 난다는 말은 옛말이 됐으며 공부 역시 혼자 묵묵히 열심히만 하던 시대는 지났다. 직업군이 넓어져 아이들의 꿈도 다양하게 변화하고 있다고는 하지만 각 분야의 전문성을 갖추기 위해서는 결국 어떤 형태로든 전문교육을 필요로 한다. 연기 분야에서 또한 영어공부 못지않게 조기교육이 성행하는 시대다. 그러다 보니 교육의 기회와 이에 지출되는 비용과 비례하여 꿈을 이룰 수 있는 가능성 또한 높아진다고 생각하게 된다.

사실 나는 가난이 꿈의 발목을 잡는 요인이 된다는 점에는 일견 동감하지만 그걸 핑계 삼아 아무 것도 하지 않으려는 아이들을 좋아하지 않는다. 그간 우리 프로젝트를 진행하며 집안 형편이 좋지 않은 아이들과 편모 혹은 편부가 혼자 생활비와 교육비를 감당해야 하는 부담이 큰 아이들을 의외로 꽤 많이 만나왔다. 현실적인 어려움이 큰 것은 사실이지만 그런 상황에서도 참 많은 아이들이 꿈을 포기하지 않고 각자의 방법을 찾아가며 정말 열심히 노력한다. 무엇보다 이들이 대단하다고 생각하는 점은 자신이 무엇을 하고 싶은지 누구보다 빨리 깨닫고 한 발 앞서 준비하기 위해 스스로 행동을 시작했다는 부분이다. 실제로 배우의꿈 출신 중에 경제적인 어려움에 따른 부모님의 반대에도 스스로 틈틈이 아르바이트를 해 저축한 돈으로 몇 개월 동안 연기학원을 다녔다는 한 아이는 어렵게 번 금쪽같은 돈이기에 그 배움의 시간이 지나가는 것이 1분 1초도 아까워 누구보다 열심히 수업을 들었다고 했다. 자신의 선택과 상관없이 태생적으로 주어진 환경적 제약이 안타깝긴 하지만 '어떻게 하냐'는 질문에 무조건 '할 수 있다'는 막연한 희망과 용기를 주는 것이 능사일까 스스로 반문하게 된다. 반대로 어려운 환경 속에서도 포기하지 않고 노력하는 아이들 또한 매우 많기에 이왕이면 그런 아이들의 노력의 소리에 조금 더 귀를 기울여 주고 싶은 것이다.

하지만 또 하나 자주 듣는 말,
배우의꿈은 공짜 맞죠? 엄마가 공짜는 해도 된다고 하셨어요.
미안하지만 나는 이렇게 말하는 사람들 또한 반갑지 않다. 공지된 대로 배우의꿈에 선발된 아이들에게는 몇 개월 동안의 교육이 무상으로 제공된다. 하지만 그것은 '공짜'로서가 아니라 우리 프로젝트를 위해 희생하는 수많은 분들의 재능기부와 노력, 도움을 주시는 분들의 후원이 있기에 가능한 일이다. 교육비가 무료일지는 모르지만, 결국 누군가의 희생과 후원이 없다면 불가능한 일이라는 점에서 결코 공짜는 아닌 것이다. 그런 의미에서 프로젝트의 전체 살림을 꾸려가는 입장에 있는 기획자인 나로서는 매번 프로젝트가 진행될 때마다 경제적 어려움에 시달리고 항상 누군가에게 무상 혹은 헐값에 도움을 요청하는 아쉬운 소리를 반복하며 산더미 같은 마음의 빚을 쌓다 보니 남모를 스트레스가 이만저만이 아니다.

배우의꿈에는 어려운 아이들이 많이 참여하지만 가난하다고 해서 특별히 혜택을 더 주지는 않는다. 우리 프로젝트는 '꿈'을 주제어로 하는 전문 예술교육프로그램이다. 헛된 꿈을 꾸게 하고 이런 아이들을 이용하려는 이들이 많은 세상에서 정말 제대로 된 프로그램을 만들어 그 안에서 아이들이 꿈을 찾아가는 길에 있어 전문적인 과정을 통해 막연한 꿈을 구체화 해 보고, 좋은 멘토와 선생님을 만나 도움을 받을 수 있게 하는 길잡이가 되고자 기획되었다. 그러한 목표에 대해서는 지금껏 흔들림 없이 진행하고 있다. 그런 점에서 꿈을 찾아가는 과정에 대한 기회는 누구에게나 공평해야 한다. '전문 공연장'에서 '전문 스탭'들이 붙어 '진짜 공연'을 만들어 가는 우리 프로젝트의 정체성은 분명하지만, 이러한 모든 과정에는 생각 이상의 큰 '돈'이 든다. 돈과 꿈의 상관관계는 아이들 개인에게도 심각한 부분이지만 우리 프로젝트를 이끌어가는 입장에서도 가장 현실적인 문제이자 어려움이다. 지원금 신청이나 후원 유치를 위해 우리 프로젝트의 취지를 설명하면 '취약계층을 중점적으로 돕는 게 아니라서', '먹고 사는 문제와 직결되지 않아서', 간단히 말해 '가난한 애들만 돕는 게 아니라서' 탈락의 고배를 마시곤 한다. 가난을 증명하려면 기초생활수급자이거나 차상위계층으로 인정이 되었다는 서류 등이 증빙이 되어야 하는데 실상은 그런 계층에 속하지 않았어도 경제적인 어려움은 정도의 차이가 있을 뿐 어느 가정에나 존재한다. 가난이 우리 프로젝트의 선발의 기준이 된다면 그 가난부터 기준에 맞는지 저울질해야 하는 우스운 상황이 벌어지는 것이다. 감사하게도 올해 5번째 프로젝트는 생명보험사회공헌위원회와 교보생명주식회사에서 사업 후원을 결정해 주시고 렛츠런재단에서 객석기부를 통해 후원에 동참해 주셔서 프로젝트를 시작한 이래 처음으로 금전적인 부담 없이 진행할 수 있었다. 하지만 근본적인 해결이 되지 않는 한 운영비, 제작비에 대한 부분은 프로젝트의 지속을 위해 쉬지 않고 풀어가야 하는 숙제가 아닐 수 없다.

배우의꿈에 선발되면 교육비 없이 양질의 수업을 받을 수 있는 기회가 주어지는데도 고된 트레이닝을 이겨내지 못하고 중도하차 하는 아이들도 부지기수다. 하지만 반대로 학교와 연습실을 오가는 고된 행군과 사람들 사이에서 부대끼며 겪은 수많은 갈등을 이겨내고 꿈을 위해 끝까지 정주행한 아이들은 다시 한번 자신의 꿈에 확신을 가지고 그 힘을 받아 험난한 여정에 아랑곳하지 않고 정진한다. 우리는 배우의꿈 출신들이 관련 대학에 진학하고, 현장에 진출하는 과정을 응원하고 지켜보면서 더 나아가 머지않은 미래에 진짜 현장에서 이들과 함께 만들어나갈 '배우의꿈 이후의 또 다른 꿈'의 현실화를 그리고 있다.

어쩌다 '꿈'과 '돈'이 밀접한 관계를 지니게 되었으며 나는 왜 이런 이야기만 늘어놓게 되었는지. 씁쓸한 마음 감출 길 없지만 뜻을 함께 하는 많은 분들이 있고 꿈을 품은 아이들이 있기에 아직 세상은 따뜻하고 희망적이라는 막연한 믿음을 가져 본다.

그래도 오늘도 우리는 꿈을 꾼다.

그래서 우리는 오늘도 도전한다.

모든 청소년의 참된 행복과 성공 달성

타고난 적성 찾기로부터

설립 목적

퇴직 교원들이 중심이 되어 청소년들이 자신의 타고난 적성을 찾아 참된 행복과 성공의 길로 살아갈 수 있도록 지원하고, 적성찾기 중심의 교육개혁과 사회인식 개선 실천 활동을 전개함

비전 | 목표

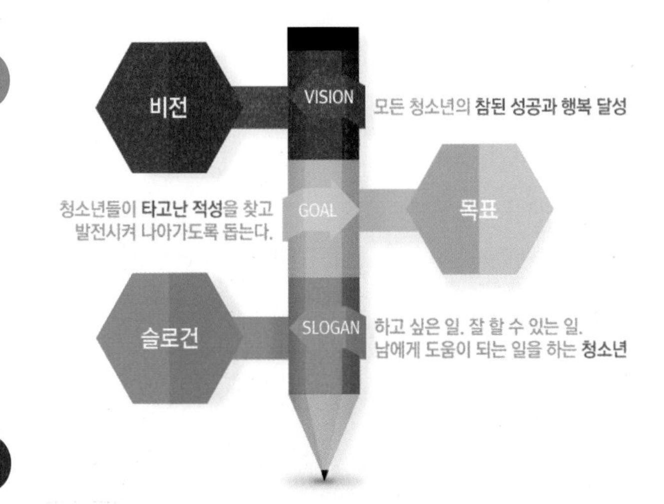

주요 연혁

2011

09.10.	<타고난적성찾기국민실천본부> 발족(상임대표 강지원, 공동대표 임무영, 이영애)
09.	서울시 종로구 창성동 사무실 개소
10.	타고난 적성찾기 교육개혁 촉구 선언문 채택
12.05.	제1회 도전! 타고난 적성스타 T 찾기대회 개최(KBS 공동개최)

2012

05.15.	서울특별시립 청소년활동진흥센터와 <국제청소년성취포상제> 운영 MOU 체결
10.13.	제2회 도전! 타고난 적성스타 T 찾기대회 개최(KBS, 사회공동모금회 공동개최)

2013

10.	사무실 이전(서울시 강동구 둔촌동)
11.	카페개설(http://cafe.daum.net/sunshinetturak)
12.14.	제3회 도전! 타고난 적성스타 T 찾기대회 개최(서울잠현초)

2014

03.	TH액팅아카데미 재능기부로 "배우의 꿈" 과정 개설(서울시교육청 협조)
06.09.	사단법인 '한국적성찾기국민실천본부' 설립허가(서울시교육청 제199호)
06.25.	법인 등기 완료(등록번호 244121-0003591)
06.27.	세무서 사업자 등록 (고유번호 212-82-10179)
08.13~14.	"배우의 꿈" 1기 공연 <한여름밤의 꿈> (강동아트센터 소극장 드림)
08.20.	(사)한국초중고등학교교장총연합회와 '진로•적성찾기교육활성화' 업무협약체결
11.04.	(사)한국중등교장평생동지회와 '진로•적성찾기교육활성화' 업무협약체결
12.20.	제5회 도전! 타고난 적성스타 T 찾기대회 개최(서울시교육연구정보원 공동주최/서울창의인성교육센터)

2015

01.05.	(사)세계화교육문화재단과 '문화예술교육 및 적성찾기교육활성화' 업무협약 체결
01.19.	(재)한국과학창의재단의 교육기부 참여(2015.01.19.-30, 인생설계프로그램)
02.12~14.	"배우의 꿈" 2기 공연 <헬로 돌리!> (동국대 이해랑예술극장)
02.25.	서울특별시교육연구정보원, 한국대학교육협의회, EBS (한국교육방송공사), TBS(교통방송), (사)한국진로진학정보원, 한국진로교육학회와'진로진학정보 인프라 구축' MOU 체결
05.04.	서울시교육청 어린이문화예술캠프 운영 주관
06.01.	홈페이지 개설 (www.적성찾기.org)
11.07.	강원 영북지회 창립 (대표 전형배)
11.21.	제6회 도전! 타고난 적성스타 T 찾기대회 개최(서울시교육연구정보원 공동주최/서울창의인성교육센터)
12.26~27.	"배우의 꿈" 3기 공연 <페임> (국립극장 KB청소년하늘극장)

2016

03.	생각배움사업 선정(서울산업진흥원)
04.25.	2106년 대안교실운영 위탁업체 선정 (서울양천초등학교)
07.	뮤지컬이 있는 행복한 나, 꿈찾기 프로젝트 사업 선정(성동광진교육지원청)
07.23.	제7회 도전! 타고난 적성스타 T 찾기대회 개최(서울시교육연구정보원 공동주최)
08.25~28.	"배우의 꿈" 4기 공연 <헤어 스프레이> (국립극장 KB청소년하늘극장)
11.25.	제1회 학부모와 함께하는 적성 토크쇼 개최

2017

07.08.	제8회 도전! 타고난 적성스타 T 찾기대회 개최
08. 24~27.	"배우의 꿈" 5기 공연 <렌트> (국립극장 KB청소년하늘극장)

사랑, 희망, 나눔으로 생명에 생명을 더하다

2007년 생명보험업계는 생명보험산업의 성장을 뒷받침해 준 국민들의 사랑과 신뢰에 보답하고 국민복지 증진에 실질적으로 기여하고자 「생명보험사회공헌위원회」를 발족했습니다.

매년 생명보험회사들이 힘을 모아 이익의 일부를 사회에 환원하고, 업계 공동의 사회공헌활동을 진행함으로써 생명보험산업의 기본 정신인 '상부상조'와 '생명존중'의 의미를 널리 알리고 있습니다.

생명보험사회공헌위원회는 생명보험업계의 공동 사회공헌활동을 전문적이고 효율적으로 운영하기 위해 산하에 3개의 운영기관을 두고 있으며, 각 운영기관별 사회공헌재원의 배분, 출연 등을 의결하고 사회공헌활동을 평가하는 의사결정기구로서 역할을 담당하고 있습니다.

생명보험사회공헌재단

2007년 12월 보건복지부의 허가를 받아 설립된 생명보험사회공헌재단은 생명보험의 기본 정신인 생명존중과 생애보장 정신을 실천하기 위해 4대 목적사업을 전개하고 있습니다. 자살예방 지원사업, 저출산해소 지원사업, 고령화극복 지원사업, 생명존중 지원사업을 통해 생명의 가치 확산에 힘쓰고 복지사각지대를 해소합니다.

생명보험사회공헌기금

2008년 3월 생명보험협회 내에 설치된 생명보험사회공헌기금은 생명보험의 건전한 문화 확산을 위해 설립되었습니다. 기금의 주요 활동은 금융보험에 관련된 올바른 정보 제공과 가치관을 교육하는 학술교육 분야, 노후준비, 국민 건강증진 등의 문화를 확산하는 공익확산 분야로 이루어집니다.

사회공원위원회 지정법인

생명보험사회공헌위원회는 전문성과 역량을 갖춘 사회복지법인 및 공익법인을 파트너로 선정, 우리 사회의 소외된 이웃들을 찾아갑니다. 사회적 소외계층 지원에서 어린이·청소년 복지 지원, 사회적 일자리 창출 지원, 기타 대국민 복지 지원에 이르기까지 사회공원위원회 지정법인은 매해 60 ~ 80여 가지 다양한 사업들을 펼치고 있습니다.